Vom Erlebten zum Erlebnis.
Eine Bestimmung des Außeralltäglichen durch Bungee

Über dieses Buch

Ob in der Gastronomie, in Schwimmbädern oder in der Pädagogik – überall prangt das Versprechen um das „ganz besondere Erlebnis". Tatsächlich sind Erlebnisse in unserer Gesellschaft essentiell. So lässt sich zeigen, dass erst das wahre und außeralltägliche Erlebnis Entgrenzung, Freiheit und persönliche Zufriedenheit möglich macht. Doch was genau ist ein „Erlebnis" und worin unterscheidet es sich von einer ganz alltäglichen Erfahrung? Wissenschaftlich fundiert arbeitet Anselm Geserer jene Konstituenten heraus, die das Erlebte auch tatsächlich zum Erlebnis werden lassen. Zur näheren Bestimmung dient ihm dabei der Bungee-Sprung als prototypische Verkörperung dessen, was wir als Erlebnisphänomen betrachten. In Kombination aus der Empirie qualitativer Erlebnismuster und einschlägiger soziologischer sowie psychoanalytischer Theorien zeigt der Autor, wie Bungee den Körper instrumentalisiert, unterwirft und mit seinem erbarmungslosen Charakter zum Erlebnishöhepunkt führt. Für seine Arbeit erhielt der Autor den Alumni-Preis der Philosophischen Fakultät der Universität Freiburg.

Über den Herausgeber
Sacha Szabo ist Soziologe und leitet das Institut für Theoriekultur in Freiburg.

Institut für Theoriekultur
Das Institut für Theoriekultur ist ein Theoriedienstleister und erarbeitet Phänomene und der sozialen Wirklichkeit. Die Idee, die dem Institut für Theoriekultur zugrunde liegt ist, Wissenschaft alltagstauglich und anwendbar zu gestalten.
Das Institut wird von der Idee getragen, dass Wissenschaft nicht in den Elfenbeinturm gehört, sondern auf die Straße. Sie muss leben und am Leben teilhaben.

Mehr Informationen finden Sie unter www.institut-theoriekultur.de

Institut für Theoriekultur
Studien zur Unterhaltungswissenschaft

Band 11

Anselm Geserer

Vom Erlebten zum Erlebnis.
Eine Bestimmung des Außeralltäglichen durch Bungee

Anselm Geserer
Vom Erlebten zum Erlebnis
Eine Bestimmung des Außeralltäglichen durch Bungee

Studien zur Unterhaltungswissenschaft, Band 11
Umschlaggestaltung: robmod.de/Timo Stiegler

Druck und Bindung: Schaltungsdienst Lange - Berlin
Printed in Germany.

Besuchen Sie uns im Internet
www.tectum-verlag.de

ISBN: 978-3-8288-3871-0
ISSN: 1867-7622

Bibliografische Informationen der Deutschen Nationalbibliothek
Die Deutsche Nationalbibliothek verzeichnet diese Publikation in der Deutschen Nationalbibliografie; detaillierte bibliografische Angaben sind im Internet unter **http://dnb.ddb.de** abrufbar.

Geleitwort Sacha Szabo

Hin und Her

Wenn man sich für ein Bild entscheiden müsste, das den gegenwärtigen Erlebnishunger illustriert, dann wäre dies der Bungee-Sprung. Am Ende eines meterlangen Latexseiles schwingt das Resultat des internalisierten Imperativs „Erlebe Dein Leben!“ schreiend auf und ab. Dass wir in einer Gesellschaft leben, die das Erlebnis als zentrale Motivation des Handelns versteht, zeigt sich an der Vielzahl von Phänomenen, die mit dem Präfix Erlebnis versehen werden. Man kann sich streiten ob man Gerhard Schulzes epochemachende Diagnose dazu zählen soll aber spätestens bei Erlebnisparks, Erlebnisgastronomie, Erlebnistheorie und dem Boom der Erlebnispädagogik wird deutlich, welchen Stellenwert das Erlebnis einnimmt. Dabei, und das ist das Irritierende, gibt es in all diesen Kontexten keine qualifizierte Definition was ein Erlebnis überhaupt ist und was es auszeichnet. Mutmaßungen, Verweise und Referenzen legen sich wie ein Camouflage-Muster über diese Lücke und wie bei der spektakulären Dazzle-Tarnung, weiß man nun nicht ob sich der Gegenstand auf einen zu bewegt oder sich entfernt. Will man diese Lücke beschönigen, kann man sagen der Begriff ist schillernd. Anselm Geserer gebührt der Verdienst diese Lücke geschlossen und eine empirisch valide Definition erarbeitet zu haben. Ein Erlebnis zeichnet aus – und das kann man mit Geserers Arbeit belegen -, dass es eine außeralltägliche Qualität besitzt, zu einer gedoppelten Transzendenz führt, den Rezipienten oder Probanden fokussiert und interaktiv limitiert ist. Das alles klingt nach einem hoch komplexen Chiasmus, der sich allerdings auf ein zentrales Merkmal zusammenziehen lässt. Ein Erlebnis definiert sich durch seine Außeralltäglichkeit. Das Außeralltägliche ist ein Zustand, in dem das reflexive Ich für einen kurzen Moment aufgehoben ist und mit seiner Umwelt verschmilzt. Allerdings kann das Ich diesen Zustand nicht lange aushalten, da er dieser die Existenzbedingung des Ichs, nämlich das Getrenntsein von der Umwelt, aufhebt. Und so pendelt das Ich, wie der Springer am Bungeeseil, wieder in den Alltag zurück. Das Besondere der vorliegenden Arbeit ist nun, dass diese Definition genau an dem Phänomen erarbeitet wurde, das metonymisch für das Erlebnis steht: am Bungee.

Sacha Szabo

Inhaltsverzeichnis

Einleitung

Kein Phänomen verkörpert den Erlebnishunger unserer Gesellschaft treffender als Bungee. Erleben – Erlebnis – Erlebnisgesellschaft; die Renaissance und Begründung dieser Begriffe ist ein Viertel Jahrhundert her und es scheint, als wären die Begriffe durch ihre derart flexible Verwendung ebenso wenig bestimmt, wie zu Beginn ihres Auflebens. Sie werden von Anbietern unterschiedlichster Angebote instrumentalisiert und sind Bestandteil so mancher kultureller und sozialer Deutungsversuche. Ob Erlebnisgastronomie, Erlebniswelten, Erlebnisschwimmbäder oder Erlebnistherapie, alle bedienen sich dieses Begriffs in der Hoffnung Aufmerksamkeit zu erlangen. Erlebnis hat sich als Prä- und auch als Suffix für unzählige und auch gänzlich unterschiedliche Phänomene der Gesellschaft etabliert.

Die Erlebnisgesellschaft wurde Anfang der 90er von Gerhard Schulze diagnostiziert und popularisiert. Schulze positioniert einen Wertewandel im Zentrum seiner Thesen; dieser Wandel zeichnet sich durch Handlungsmotive aus, die dem „Inneren" des Handelnden entspringen. Diese *Innenorientierung* wandelt sowohl das individuelle, als auch das gesellschaftliche Leben ab, denn „Das Subjekt wird sich selbst zum Objekt, indem es Situationen zu Erlebniszwecken instrumentalisiert"[1].

Eine Menge weiterer Autoren springen auf diesen Zug auf und analysieren und bestimmen den Wandel der Gesellschaft anhand der individuellen Suche nach dem Erlebnis. „„Erlebnis" gilt heute als Schlüsselwort der Freizeitforschung, seitdem sich die Freizeitindustrie zur Erlebnisindustrie gewandelt hat"[2]. Menschen suchen und finden dieser Tage demnach mehr denn je Angebote, die Erlebnischarakter in sich tragen; dies wiederum sei jenem Wandel der Wertvorstellungen und Lebensorientierungen geschuldet, welcher neue Angebotsformen mit Erlebnischarakter in unserer Gesellschaft hervorruft[3].

Vernachlässigt wurde bei diesen Analysen jedoch eine Validierung des Erlebnisbegriffes selbst, hierdurch tritt eine Leerstelle ans Tageslicht. Die folgende Arbeit rückt eben jene übergangene und fehlende Konzeption von Erlebnis ins Zentrum.

Das leuchtende Symbol und Sinnbild der Kategorie des Erlebnisses ist Bungee-Jumping. Bungee konstituiert sich als eine prototypische Inszenierung des Erlebnisses und ist somit Ausdruck für die Erlebnisgesellschaft als solches. Diese Inszenierung

---

1 Vgl. Schulze, Gerhard: Die Erlebnisgesellschaft. Kultursoziologie der Gegenwart. Frankfurt a.M., New York, 8. Aufl. 2000, S. 40.

2 Opaschowski, Horst W.: Vom Versorgungs- zum Erlebniskonsum. Die Folgen des Wertewandels. In: Nickel, Oliver (Hg.): Event Marketing. Grundlagen und Erfolgsbeispiele. München 1998., S. 26.

3 Vgl. Opaschowski: Vom Versorgungs- zum Erlebniskonsum, S. 26.

bietet eine unmittelbare und intensive Form des Erlebens an; dieser Eindruck entsteht jedenfalls, wenn unterschiedliche Covers, Illustrationen und Publikationen, die sich mit der Thematik der Erlebnisgesellschaft und ihren Folgen auseinandersetzen, ins Zentrum der Analyse gerückt werden. Bungee steht hiernach ikonenhaft für die Erlebnissuche. Die vorliegende Arbeit soll klären, ob Bungee überhaupt das richtige Sinnbild für Erlebnis sein kann.

Anhand einer qualitativen Untersuchung wird die Erlebnisqualität von Bungee analysiert und gedeutet. Die Ergebnisse werden im Anschluss theoretisch fundiert, sodass eine analytische und detaillierte Konzeption von Erlebnis abstrahiert werden kann. Die Kombination der beiden Herangehensweisen führen mittels einer Zangenbewegung zu einer fundierten Bestimmung des Erlebnisbegriffs, denn dieser wird zweiseitig fixiert. Auf diese Weise wird die Lücke im Zentrum geschlossen und ein Instrument geschaffen, das es in Zukunft ermöglichen wird, die inhaltliche Qualität eines Angebotes zu überprüfen; denn nicht alles, was als Erlebnis vermarktet wird, stellt auch ein wirkliches Erlebnisangebot bereit.

1 Bungee-Jumping

Bungee-Jumping ist ein interessantes und soziokulturelles Phänomen, dem, wie ich finde, bisher viel zu wenig Aufmerksamkeit zugewendet worden ist; denn Bungee ist in seinen Charakteristiken einmalig. Bungee fällt, bei den meisten Ausübenden jedenfalls, aus dem Alltag und den alltäglichen Routinen heraus und eignet sich aus diesem Grunde für die Analyse eines außeralltäglichen Phänomens. Erklärtes Ziel dieser soziologischen Arbeit ist es, einen Begriff zu bestimmen, der außerhalb von psychophysischen Konstanten operiert. Anton Schäfer bezieht sich im „Handbuch zur Durchführung von Action – Sport – Veranstaltungen“ auf eine klinische Untersuchung, die in Großbritannien in dem Jahre 1992 durchgeführt wurde[4]; in dieser wurden die körperlichen Reaktionen auf einen Bungee-Sprung[5] gemessen. Die Messungen produzierten ausschließlich marginale Ergebnisse, sodass sich hieraus keinerlei Erklärungsmuster zur Faszination von Bungee oder zum erzeugten „Rausch“ folgern lassen. „Die Gefühle der Heiterkeit und guten Laune und des Wohlbefindens hängen ursächlich mit der Ausübung des Sports, dem Überwinden der Stresssituation, zusammen.“[6] Andere Untersuchungen zeigen ähnliche, wenngleich nicht ganz so eindeutige Ergebnisse; die Resultate schwanken individuell und stark, und weisen teils auf eine körperliche und teils auf eben keine körperliche Reaktion hin[7].
Dies sind einige der Punkte, wieso Bungee in diesen Rahmen passt und einer kultursoziologischen Analyse unterzogen werden sollte. Zu Beginn soll nun Bungee-Jumping als solches im Zentrum der Betrachtung stehen, sodass in der darauffolgenden Analyse keine auf Bungee bezogenen Fragen mehr offen sind.

1.1 Bungee – Der Extremsport

Bungee-Jumping, der Sprung in die Tiefe am Gummiseil, das Erlebnis des freien

---

4 Schäfer, Anton: Handbuch zur Durchführung von Action – Sport – Veranstaltungen. Dornbirn, 4. Aufl. 1998, S. 187.

5 Allerdings eines erfahrenen Springers.

6 Schäfer: Handbuch zur Durchführung von Action – Sport – Veranstaltungen, S. 187.

7 Vgl. Zimmerman, Ulrich; Loew, Thomas; Wildt, Ludwig: „Stress hormones“ and bungee-jumping. In: The Lancet, Aug 1992, Vol. 340, S. 428. Entnommen aus: http://www.zeitschrift-sportmedizin.de/fileadmin/externe_websites/ext.dzsm/content/archiv1999/Heft02/1999_02_BUNGEE%20SPRINGEN.pdf Zugriff: 22.04.14

Falls, zwar schon fast in die Jahre gekommen, ist jedoch moderner als je zuvor. Subsumiert wird dieses Spektakel in die Fallsportarten[8]. Bemerkenswerterweise lässt sich trotz hinreichender Popularität nur sehr wenig Literatur zu dieser Thematik und insbesondere zu der Popularisierung selbst, finden.

Das charakteristischste Merkmal am Bungee-Jumping ist wohl das Gummiseil, das an den Knöcheln befestigt wird, den freien Fall abbremst und einen Aufschlag auf der Erde verhindert[9]. Doch beginnen wir am Anfang. Ein Bungee-Sprung ist ein Sprung (oder ein Fallenlassen, oder ein Hinabstürzten) aus einer erhöhten Position in die Tiefe, wobei dieser Sturz durch ein stark elastisches Seil kurz vor einem drohenden Aufschlag abgefangen und der Proband in die Höhe gezogen wird und sich schließlich die Bewegungsenergie oszillierend auspendelnd verliert[10]. Die erhöhte Position kann eine natürliche sein, wie geeignete Klippen oder Ähnliches, meistens jedoch finden Sprünge von Brücken oder Kränen statt, die manchmal sogar eigens hierfür konstruiert wurden[11]. Das Wort „Bungee" heißt im weitesten Sinne Gummi[12] und ist durch seine Eigenschaft, die den Hauptteil des Ereignisses prägt, namensrelevant. Eine andere ebenfalls namensrelevante Deutung des Wortes lässt sich im „Handbuch zur Durchführung von Action – Sport – Veranstaltungen" finden, hier heißt es: „Das Wort Bungee kommt aus dem Englischen (to bung – hineinwerfen) und Bungee ist eine Weiterentwicklung dieses Wortes."[13] Das kontrollierte Fallen, der Verlust des sicheren *Bodens unter den Füßen* ist aus verschiedenen Gründen ein „hochattraktives Erlebnis"[14]. So ist die Anziehungskraft der Erde von großer Bedeutung[15], denn sie beschleunigt

> (...) den Körper nach dem Newtonschen Gravitationsgesetz auf den Boden vehement (…). Mit dem Entschluss zu Fallen verwandelt (…) [der Fallende] die Lageenergie des erhöhten Standortes in Bewegungsenergie. Entsprechend der

---

8 Vgl. Warwitz, Siegbert: Sinnsuche im Wagnis. Leben in wachsenden Ringen. Erklärungsmodelle für grenzüberschreitendes Verhalten. Hohengehren 2001, S. 139f.

9 Vgl. Köppern, Antje: Bungee-Springen. Achen 1993, S. 41.
Und: vgl. Warwitz: Sinnsuche im Wagnis, S. 82.

10 Vgl. Köppern: Bungee-Springen, S. 12.
Und: vgl. Warwitz: Sinnsuche im Wagnis, S. 82f.
Und: vgl. Schäfer: Handbuch zur Durchführung von Action – Sport – Veranstaltungen, S. 18.

11 Vgl. Köppern: Bungee-Springen, S. 23-38.

12 Vgl. ebd. S. 11, 22.

13 Schäfer: Handbuch zur Durchführung von Action – Sport – Veranstaltungen, S. 186.

14 Warwitz: Sinnsuche im Wagnis, S. 78.

15 Vgl. Köppern: Bungee-Springen, S. 97f.

Erdbeschleunigungsknstante (9,81 m/s²) rast er mit fast zehn Metern pro Sekunde potenziert beschleunigt, in die Tiefe.[16]

Dieses sich beschleunigende Fallen ist insofern doppelt ambivalent, als dass es zum einen den Rausch der Geschwindigkeit und zum anderen das berauschende Gefühl der Schwerelosigkeit in sich birgt[17], denn „der Fallende erlebt sich gewichtslos“[18]. Zu diesen für den Liebhaber angenehmen[19] Empfindungen, kommt nun eine weitere ambivalente Komponente hinzu: Die auf das Subjekt unaufhaltsam zurasende Bedrohung des Bodens, der einst Sicherheit bedeutete, doch nun durch die enorme Geschwindigkeit zum Objekt der Gefahr geworden ist[20]. Erst in dem Augenblick, in dem das Leben zu Ende zu gehen scheint, entfaltet das Gummiseil seine Wirkung, bremst den Fall und katapultiert den Springer seinem *Rebound*[21] entgegen. So verliert sich die Lageenergie im Auf- und Abschwingen und ermöglicht dem Springer sich gewahr zu werden, überlebt zu haben und sich zu orientieren, bevor er am Boden in Empfang genommen wird. Dieses Ereignis scheint eine Art kontrollierter Kontrollverlust zu sein.
Zweifelsfrei konstituiert sich das Vergnügen bei diesem Ereignis durch die Angstlust, dem *thrill*[22]. So wird im angelsächsischen die Fahrt mit einer Achterbahn als *thrillride* bezeichnet[23], diese beschreibende Bezeichnung ließe sich gleichfalls auf den Bungee-Sprung anwenden und diesen so zum *thrill-jump* werden lassen. Bei Siegbert Warwitz, „Sinnsuche im Wagnis“, taucht der Begriff *„suicidus interruptus“* auf[24], der vorerst lediglich in makaberem Kontext und auf groteske Weise passend erscheint, jedoch bei

16 Warwitz: Sinnsuche im Wagnis, S. 79.

17 Vgl. hierzu den Begriff *Ilinx* bei Roger Caillois: Caillois, Roger: Die Spiele und die Menschen. Maske und Rausch. Frankfurt a.M., Berlin, Wien 1982, S. 19, 21-36. Und Kapitel: 3.4.1

18 Warwitz: Sinnsuche im Wagnis, S. 80.

19 Vgl. hierzu Schilderungen zum Erleben beim Achterbahnfahren. Die technische Erzeugung einer psychischen und einer physischen Lust, sowie einer Angstlust, lassen sich mit der Inszenierung eines Bungee-Sprunges gleichsetzen. Menschen finden Gefallen an diesen Arten der Lust. Insbesondere das *Airtime*-Konzept ist mit einem Bungee-Sprung vergleichbar. Szabo, Sacha: Airtime. Die Geschichte der Achterbahn aus der Sicht der Wissenschaft. Kindle-Edition 2013, S. 5ff, 9.

20 Vgl. Michael Balints Konzeption des Oknophilen und des Philobaten und ihren Umgang mit Objekten in Kapitel 3.4.

21 Vgl. Glaser, Jason: Bungee Jumping. Mankato, Minnesota 1999, S. 10, 22.

22 Vgl. Kapitel 3.4.

23 Vgl. Szabo: Airtime, S. 2, 8.

24 Vgl. Warwitz: Sinnnsuche im Wagnis, S. 139.

tiefgreifender Analyse seine Legitimation erlangt.[25]

1.2 Die Geschichte des Bungee – Kulturhistorie eines modernen Phänomens

Alles begann mit der informellen Formierung des *Dangerous Sports Club* im Jahre 1977 als sich Chris Baker und die beiden Freunde David Kirke und Ed Hulton beim Drachenfliegen in der Schweiz trafen[26]. Die Studenten der University of Oxford gründeten den Club und sollten hierdurch für die Verbreitung einiger Extremsportarten verantwortlich sein[27].

Chris Baker wohnte in Bristol mit Blick auf die Clifton Suspension Bridge[28], einer 75 Meter hohen Brücke. Ihm verdanken wir wohl die Idee, das „Landtauchen" einmal technisch abgesichert auszuprobieren[29]. Als Pilot und Konstrukteur von Hängegleitern besaß er einige elastische Gummiseile, die er zum Katapultieren und befestigen von Hängegleiterfliegern benötigte. „One day it dawned upon him that bungee cord

---

25 Vgl. Kapitel: 4.1.1, 4.1.2.
Vgl. Ebenfalls die sozialpsychologischen und psychoanalytischen Deutungen von Bungee in:
Szabo, Sacha: Free Falling. Über die Lust am Fallen. 2010
http://www.freidok.uni-freiburg.de/volltexte/7742/pdf/fallen_9.10.10.pdf
Zugriff: 12.04.2014.

26 Vgl. Lyster, Martin: The Strange Adventures of the Dangerous Sports Club. London 1997, S. 15ff.

27 Vgl. Lyster: The Strange Adventures of the Dangerous Sports Club.

28 Ebd. S. 15, 30.

29 Nach Jason Glaser haben die Clubmitglieder den Artikel „Land Diving Whit the Pentecost Islanders" von Kal Muller gelesen und sind hierdurch auf die Idee gekommen. (Muller, Kal: Land Diving With the Pentecost Islanders. In: National Geographic, Dec 1970, Vol. 138, No. 6, S. 799-817.)
Vgl. Glaser: Bungee-Jumping, S. 15.
A. J. Hackett hingegen schreibt in seiner Autobiographie, dass die Mitglieder des Clubs eine Filmreportage gesehen hätten und auf Grund dieser den Einfall hatten: „They saw footage from the 1960s made by David Attenborough and BBC film Crew of the land divers of Pentecost Island in Vanuatu"
Hackett, Alan John/ Aldworth, Winston: Jump Start. The ultimate adrenalin rush! Glenfield, Auckland 2006, S. 100.
Diese Reportage ist unter folgender Internetadresse zu erreichen:
http://www.bbc.co.uk/iplayer/episode/p00y207q/The_People_of_Paradise_The_Land_Divers_of_Pentecost/
(Zugriff am 10.04.2014 über einen UK-Proxy möglich)
Martin Lyster schreibt zu diesem Thema in seinem Buch „The Strange Adventures of the Dangerous Sports Club" leider nichts und das obwohl er mit Chris Baker befreundet war.

could provide a way to vine-jump the bridge. The Idea intrigued him, and he mentioned it to the other members of the club."[30] Nun folgten einige Berechnungen eines befreundeten Mathematikers und ein Computer-Modell von Alan Weston – ebenfalls ein Mitglied des Clubs – bevor im April 1979 der erste Bungee-Sprung in Bristol stattfand.

Die Springer waren: David Kirke, Alan Weston, Simon Keeling und Tim Hunt. Chris Baker, der die Sprünge plante und die Idee hierzu hatte, konnte durch ungünstige Umstände leider nicht teilnehmen. Unmittelbar nach den Sprüngen, verhaftete die kurz vorher eingetroffene Polizei die vier Springer und arrestierte sie über Nacht. Die Aufmerksamkeit der Presse war groß, pendelte allerdings zwischen Unverständnis und Begeisterung. Schon beinahe zum Selbstläufer geworden, fand der nächste Sprung im Oktober 1979 in San Francisco von der Golden Gate Bridge mit der Unterstützung der *Begründer* statt und darauf hin ein weiterer von einem TV-Team bezahlter Sprung von der Royal Gorge Bridge in Colorado. „The producer Alan Landsberg, offered $20,000 to film a bungee jump from the Royal Gorge Bridge in Colorado, the highest bridge in the world."[31] Dieser Sprung von der bis 2001 höchsten Brücke der Erde, über einem Canyon, lieferte die ersten wirklich populären Bilder eines Bungee-Sprungs und legte endgültig den Grundstein, der zur Popularisierung des Bungee-jumpings führen sollte.[32]

Eine weitere wichtige Person ist in diesem Zusammenhang der Neuseeländer A. J. Hackett, der Bungee nicht nur in seiner Heimat populär gemacht hat[33]. 1980 simulierte Hackett mit einem Gummiseil und einem Sack voller Steinen einen Bungee-Sprung; im unmittelbaren Anschluss sprang er selbst. Doch nach einem eher weniger geglückten Sprung, rückte die Idee für Hackett in den Hintergrund[34]; so musste die Idee des Bungee-Springens noch eine Weile im Untergrund schmoren, bis Hackett 1987 im französischen Ski-Ort Tignes spektakulär und unter den Augen einer großen Öffentlichkeit aus einer Gondel sprang.[35] Darüber hinaus gehen der erste Sprung aus einem Hubschrauber und die Entwicklung eines Bungee-Seiles auf sein Konto. Ab dem Jahre 1988 bot A.J. Hackett in Neuseeland die ersten kommerziellen Bungee-

30 Lyster: The Strange Adventures of the Dangerous Sports Club, S. 31.

31 Lyster: The Strange Adventures of the Dangerous Sports Club, S. 36.

32 Vgl. Hackett: Jump Start, S. 101.

33 Vgl. Hackett: Jump Start.
Vgl. ebenf.: Glaser: Bungee Jumping, S. 16.
Vgl. ebenf.: Schweizer, Jochen: Warum Menschen fliegen können müssen. München 2010, S. 155.

34 Vgl. Hacket: Jump Start, S. 104ff.

35 Hacket: Jump Start, S. 46.
Vgl. ebenf.: Glaser: Bungee Jumping, S. 16.

Sprünge an[36]

Beim Thema Bungee ist hierzulande Jochen Schweizer zu nennen, der den Weg für kommerzielle Bungee in Deutschland geebnet hat[37]. So schreibt dieser:

> Ich erinnere mich mich an eine Nachricht, die sich Anfang der 80er unter Exremsportfans verbreitet hatte: Vier verrückte Engländer – David Kirke, Chris Baker, Alan Weston und Ed Hulton – gründeten auf der Insel den >>Oxford Dangerous Sports Club<<.[38]

In diesem Zusammenhang sprach sich ferner die Nachricht vom ersten Sprung in Bristol herum. Wie bei A.J. Hackett lag diese Idee weiter im Verborgenen, bis Jochen Schweizer sich bei dem Filmdreh „Feuer, Eis und Dynamit" mit Willy Bogner 1987 mehr oder weniger zufällig daran erinnerte[39]. Das Bemerkenswerte an Pionieren ist, dass das Neuland, das sie betreten, kaum bekannt ist und sie demzufolge ein Risiko eingehen müssen. J. Schweizer hingegen liefert eine Beschreibung, die unbedachter nicht sein könnte:

> In den nächsten Tagen baue ich mir (...) ein Seil, das fest und doch nachgiebig ist. [...] In einer längeren Drehpause stehe ich mit einem unserer Kletterer auf einer alten Genueser Brücke über dem Fluss (...) Wir binden das eine Ende meines Seils in eine besicherte Abseilacht, das andere Ende befestigen wir mit zwei Flachbandschlingen an meinen Fußgelenken. Dann stelle ich mich auf den Rand dieser alten Steinbrücke – und lasse mich vornüber herunterfallen.[40]

Dies scheint der erste Bungee-Sprung der Bundesrepublik Deutschland gewesen zu sein[41]. Am Filmset erfreute sich das Bungee-Springen nun einer großen Beliebtheit und in den darauffolgenden Tagen springt ein Großteil der Film-Crew von dieser Brücke. Weitestgehend spontan entscheidet Willy Bogner einen solchen Sprung in seinen Film einzubauen und überzeugt J. Schweizer von einer 220 Meter hohen Staumauer zu springen. Nach einem Test mit zertrümmertem Fass, wird ein Ausleger

---

36 Vgl. Schäfer: Handbuch zur Durchführung von Action – Sport – Veranstaltungen, S. 186.
Vgl. ebenf.: Hackett: Jump Start.

37 Vgl. Schweizer: Warum Menschen fliegen können müssen.

38 Ebd. S. 109.

39 Vgl. ebd. S. 110.

40 Schweizer: Warum Menschen fliegen können müssen, S. 110.

41 Vgl. http://presse.jochen-schweizer.de/pressemappe/zur-person/ Zugriff: 14.04.2014.

(Kran) oben auf der Staumauer befestigt, Jochen Schweizer springt (in der verfügbaren Beschreibung gleichfalls ohne Zögern[42]) und setzt hiermit unmittelbar einen Bungee-Sprung Rekord[43]. Dieser Sprung entpuppte sich als der Keim, der Bungee in Deutschland populär werden ließ.

Viele Anfragen bewegten Jochen Schweizer dazu Sprünge für andere zu organisieren, diese erfolgten mit eigenem Seil, nachts und illegal[44], dennoch führen sie zu einer Verbreitung des Sports. Daraufhin wurde die 1985 gegründete Firma „Kajak Sports Productions" zur Jochen Schweizer Bungee GmbH umbenannt[45]. Fast schon zum Selbstläufer geworden, gab 1989 die Premiere des Films „Over the Edge" das letzte Quäntchen hinzu, wodurch sich Bungee verselbstständigte und in Deutschland gänzlich populär wurde. „Einen >>richtigen<< Erfinder des Bungee gibt es vermutlich nicht. Der Zeitpunkt war einfach gekommen, überall auf der Welt, für ein ganz neues Erlebnis..."[46].

Auch wenn Bungee inzwischen ein ziemlich sicheres Vergnügen ist, gibt es Zwischenfälle, die nicht unerwähnt bleiben sollten. In Deutschland und Europa gab es zwar bisher vergleichsweise wenig Unfälle, dennoch ist in Dortmund 2003 ein 31 jähriger Mann bei einem Sprung vom Florianturm ums Leben gekommen[47]. Die Ursachen sind bis heute ungeklärt, Vorwürfen, dass ein veraltetes Seil verwendet worden wäre, wurde von der Staatsanwaltschaft widersprochen[48]. Dieses Unglück war das erste in Deutschland, das mit tödlichen Folgen endete[49] und hätte für das Unternehmen von Jochen Schweizer beinahe das Aus bedeutet. Jochen Schweizer zahlte

---

42 Vgl. Schweizer: Warum Menschen fliegen können müssen, S. 112.

43 Vgl. ebd. S. 111 ff.

44 Vgl. Schweizer: Warum Menschen fliegen können müssen, S. 130 ff.

45 Vgl. ebd. S. 135.
Vgl. ebenf.: http://presse.jochen-schweizer.de/jochen-schweizer-von-der-bungee-bude-zur-unternehmensgruppe/
Zugriff: 14.04.2014.

46 Vgl. Schweizer: Warum Menschen fliegen können müssen, S. 155.

47 Vgl. ebd., S. 285ff.
Vgl. ebenf.: http://www.welt.de/print-welt/article247957/Toedlicher-Unfall-beim-Bungee-Springen-in-Dortmund.html
Zugriff: 29.04.2014.
ebenf.: http://www.sueddeutsche.de/muenchen/nach-toedlichem-unfall-jochen-schweizer-will-bungee-anlagen-wieder-oeffnen-1.665291
Zugriff: 29.04.2014.

48 Vgl. Schweizer: Warum Menschen fliegen können müssen, S. 285ff.
Vgl. ebenf.: http://www.fr-online.de/panorama/dortmund-strafverfahren-nach-bungee-unfall-eingestellt,1472782,6585636.html
Zugriff: 29.04.2014.

49 Vgl. ebd.

eine große Summe an die Hinterbliebenen, spendete auf deren Wunsch an das Kinderhospitz Balthasar in Olpe und übernahm die Gerichtskosten für das Verfahren, welches 2011 eingestellt wurde.[50] Sowohl die finanzielle Belastung als auch diejenige, die aus den Schlagzeilen entstand, machten es dem Unternehmen schwer wieder auf die Beine zu kommen.[51] 2004 wurde die Idee des Erlebnisgeschenkes geboren und von dem Unternehmen in die Tat umgesetzt, bis heute werden von Jochen Schweizer die verschiedensten Erlebnisse angeboten und verkauft.

Unfälle sind im Vergleich zu den Sprungzahlen[52] jedoch extrem selten, insbesondere in mitteleuropäischen Räumen, was wohl auf die strengen Sicherheitsrichtlinien zurückzuführen ist. Nach meinen Recherchen sind in Europa bisher lediglich vier Menschen ums Leben gekommen, eine Person in der Schweiz[53], eine in Deutschland und zwei in Italien bei einem Tandemsprung[54]. In einem Artikel der Zeitschrift für Sportmedizin von 1999 heißt es:

> „Laut Vanderford haben seit den ersten Berichten über Bungee-Springen in den USA im Jahre 1987 über 2 Mill. Menschen Sprünge absolviert. Dabei traten nach Berichten einer Versicherungsgesellschaft 5 Todesfälle und 80 ernsthafte Verletzungen auf."[55]

Bungee birgt demzufolge, wie viele andere Tätigkeiten, ein Risiko in sich, das bei Wahrung der Sicherheitsbestimmungen jedoch minimiert werden kann. Die sich aus den Zahlen ergebende Einschätzung erhärtet die Annahme, dass es von technischer Seite betrachtet unbedenklich ist, sich an einem Gummiseil in die Tiefe zu stürzen.

---

50 Vgl. Vgl.http://www.fr-online.de/panorama/dortmund-strafverfahren-nach-bungee-unfall-eingestellt,1472782,6585636.html
Und: vgl. Schweizer: Warum Menschen fliegen können müssen, S. 287ff.

51 Vgl. ebd, S. 321ff.

52 Es war mir leider nicht möglich herauszufinden wie viele Menschen bisher tatsächlich gesprungen sind. Die von mir angefragten Firmen, gaben diese Daten nicht preis.

53 Vgl. http://archiv.rhein-zeitung.de/on/00/05/14/topnews/bungee.html
Zugriff: 29.04.2014.

54 http://www.nzz.ch/aktuell/startseite/ article8503T-1.390437
Zugriff: 29.04.2014.

55 Fromme, A.; Linnenbecker, S.; Thorwesten, L.K.; Völker, K.: Bungee-Springen aus sportmedizinischer Sicht. Stellungnahme aus der Sektion Breiten-, Freizeit- und Alterssport des DSÄB, S. 53.
http://www.zeitschrift-sportmedizin.de/fileadmin/externe_websites/ext.dzsm/content/archiv1999/Heft02/1999_02_BUNGEE%20SPRINGEN.pdf
Zugriff: 29.04.2014

1.3 Der Ursprung: Die Lianenspringer von Pentecost

Die Lianenspringer aus Pentecost sind als ideeller Ursprung des modernen Bungees anzusehen, hierin sind sich alle befragten Quellen einig; schon bei oberflächlicher Betrachtung ist dieser Schluss plausibel. „Vine-jumping" oder „land-diving" ist ein Brauch, der von Einwohnern der Insel Pentecost im Südpazifik praktiziert wird.
Die Insel Pentecost liegt in den Neuen Hebriden im Inselstaat Vanuatu im Südpazifik[56]. Das Turmspringen selbst findet hauptsächlich in dem Ort Bunlap statt, aus welchem es stammt. Die ersten Berichte, die ihren Weg in die westlichen Welt fanden, stammen von Irvin und Electa Johnson; diese berichteten in der Zeitschrift National Geographic im Jahre 1955 von dem jährlichen *Spektakel* auf der Insel[57]; die Abbildungen nehmen jedoch den Hauptteil dieses Artikels ein. Fünf Jahre später erschien eine BBC Reportage von David Attenborough, welche die ersten bewegten Bilder des originalen und traditionellen Turmspringens lieferte[58]. Die Hauptquelle neuerer Analysen bildet ein weiterer Artikel der National Geographic von Kal Muller im Jahre 1970[59]. Dieser Artikel legt im Vergleich zu dem früheren einen größeren Fokus auf die Beschreibungen des Ereignisses und der *Zeremonie.* In den 90ern befasste sich Margaret Jolly mit der Thematik und in den letzten Jahren hierzulande Thorolf Lipp[60].
Die Spur führt demnach nach *Bunlap*, einem kleinen Ort auf Pentecost, einer Insel im Inselstaat Vanuatu. In diesem Ort findet jährlich zwischen März und Mai das

---

56 Lipp, Thorolf: Gol – das Turmspringen auf der Insel Pentecost in Vanuatu. Beschreibung und Analyse eines riskanten Spektakels. Berlin, Wien 2008, S. 13ff.
Und: Köppern: Bungee-Springen, S19ff.
Und: Warwitz: Sinnsuche im Wagnis. Leben in wachsenden Ringen, S. 82.
Und: Glaser: Bungee Jumping, S. 13ff.

57 Johnson, Electa; Johnson, Irving: South Seas' Incredible Land Divers. New Hebrides Islanders Prove Their Manhood by Leaping Headfirst to Earth from a 65-foot Jungle Tower. In: National Geographic, Jan 1955, Vol. CVII, No. 1, S. 77-92.

58 http://www.bbc.co.uk/iplayer/episode/p00y207q/The_People_of_Paradise_The_Land_Divers_of_Pentecost/
Zugriff: 10.04.2014 über einen UK Proxy.
An dieser Stelle sei erwähnt, dass die Kommentare des Moderators extrem exotisierend und ethnozentristisch gelagert sind. Der daraus folgenden Problematik bin ich mir bewusst; dennoch soll die Analyse der Darstellung als solches, kein Teil dieser Arbeit sein.

59 Muller, Kal: Land Diving With the Pentecost Islanders. In: National Geographic, Dec 1970, Vol. 138, No. 6, S. 799-817.

60 Vgl. Lipp: Gol – das Turmspringen auf der Insel Pentecost in Vanuatu.
Und dortige Literatur: S, 423.

Spektakel[61] statt, bei dem sich die freiwilligen männlichen Teilnehmer von einem selbst errichteten Turm, der bis zu 30 Meter hoch sein kann, lediglich mit Lianen am Fuße befestigt, kopfüber fallen lassen.

Hier leben die *Sa* in der eigenen Kultur des *Kastom*. Der eigentliche *Sa*-Begriff für das Turmspringen ist *Nanggol*, heute jedoch wird dieses riskante Spektakel überwiegend *Gol* genannt[62].

Ursprünglich wurde jedes Jahr ein neuer Ort bestimmt, an welchem das Turmspringen stattfinden sollte, inzwischen jedoch ist dies nicht mehr immer der Fall. Es findet auch nicht zwingend jedes Jahr statt, das hängt ganz von der Lust der Springer ab[63]. Einige Interpretationen der Sa, lassen darauf schließen, dass es als eine Art Spiel gedeutet werden kann[64]. Dieses Ereignis wird inzwischen als Fest für (zahlende) Gäste veranstaltet und ist eine wichtige Einnahmequelle der Einwohner geworden[65]. Der Geldfluss ändert zwar nicht den Ablauf des Turmbaus oder des Ereignisses selbst, dennoch hat das Geld Einfluss auf die Legitimation des Festes, da durch Bezahlung Lohnarbeit geschaffen werden kann.

Der Turm wird in Abwesenheit von Frauen gebaut, erst am Tag der Veranstaltung selbst, dürfen diese den Turm sehen und sich in seiner Nähe aufhalten[66]. Der Bau dauert circa zehn Tage, hinzu kommen nochmal ungefähr drei Tage für den Bau der eigenen Absprungplattformen, die jeder Springer für sich selbst baut, jedoch hierfür auch Hilfe bekommen kann. Meist dient ein leicht abschüssiger Platz als Baugrund des Turmes, der um einen Baum herum gebaut wird und insofern als Basis dient. Es werden ausschließlich natürliche Materialien wie Holz, Rindenstreifen und Lianen verwendet; mittels der getrockneten Rindenstreifen werden Holzelemente zusammengebunden. Die Plattformen und Sprungbretter werden als letztes von den Springern gebaut. Die mit Lianen umwickelten Sprungbretter sind so konzipiert, dass sie beim Sprung brechen und einen Großteil des Sturzes abfangen[67].

Vor der Veranstaltung werden aus dem Boden um den Turm alle Steine, Äste und andere harten Fremdkörper entfernt und die Erde aufgelockert. In den Artikeln der

---

61 Mit diesem Begriff halte ich mich an Thorolf Lipp, der in seiner ethnografischen Analyse andere Begriffe wie „Ritual" oder „Feier" ausgeschlossen hat. Vgl. Lipp: Gol – das Turmspringen auf der Insel Pentecost in Vanuatu, S. 395ff.

62 Vgl. Lipp: Gol – das Turmspringen auf der Insel Pentecost in Vanuatu, S. 20.

63 Vgl. ebd, S. 210.

64 Vgl. Ausführungen über Spiel: Kapitel 3.4.1.

65 Vgl. Lipp: Gol – das Turmspringen auf der Insel Pentecost in Vanuatu, S. 212.

66 Vgl. ebd. S. 213.
Und: vgl. Muller: Land Diving With the Pentecost Islanders, S. 810.

67 Vgl. Lipp: Gol – das Turmspringen auf der Insel Pentecost in Vanuatu, S. 217, 240f.

National Geographic wird der Boden als „Pool of Earth" oder „softened Earth" bezeichnet. Das untere Ende der „Sprunglianen" wird dann aufgefasert, sodass es um die Knöchel gebunden werden kann.

Das Fest beginnt relativ formlos, dennoch gibt es rhythmische Gesänge, Handschläge und Tänze, die von einem der älteren vorgegeben werden. Männer und Frauen tanzen getrennt voneinander. Die Sprünge beginnen bei der niedrigsten Plattform, meist sind es Kinder oder Jugendliche, die diesen Sprung absolvieren; bei den Johnsons und bei Muller war das ein acht jähriges Kind. Jeder Sprung folgt von der nächst höher gelegenen Plattform, bis schließlich der Höhepunkt des Festes erreicht ist, wenn einer der erfahrensten Springer, meist der Chief oder ein anderes angesehenes Mitglied des Dorfes, von der Spitze des Turmes den letzten Sprung des Tages präsentiert.

Die Lianen sind so bemessen, dass im Idealfall der Springer den Boden nicht berührt[68]. Dies scheint früher anders gewesen zu sein, denn die älteren Beschreibungen des Ereignisses, proklamieren, dass ein Berühren des Erdbodens mit dem Kopfe erwünscht sei; daher auch die angelsächsische Bezeichnung „Land-Diving", hierzulande auch „Landtauchen" genannt. Ein ästhetischer Sprung folgt einem spezifischen Verlauf: Vor dem Sprung werden die Hände über dem Kopf zusammengeschlagen, darauf folgend soll wenn möglich mit ausgestreckten Armen nach vorne weg-gesprungen werden, sodass die maximale Spannung der Lianen in einer Schräglage erzeugt wird; während des Sprunges werden die Arme an die Brust genommen, um sich beim Aufprall auf den Boden nicht zu verletzen. Erfahrene Springer versuchen sich beim „Snapback", also dem ersten Zurückfedern, beim modernen Bungee „Rebound" genannt, aufzurichten und auf den Füßen zu landen.[69]

Angesichts des Risikopotentials der Veranstaltung, gibt es doch erstaunlich wenige Verletzungen. In den älteren Artikeln wird betont, dass man sich nicht erinnern könne, dass jemals jemand umgekommen sei. Im Februar 1973 allerdings wurde eigens für die Queen ein Turmspringen abgehalten, bei welchem ein Mann zu Tode kam[70]; die Ursachen sind bis heute nicht ganz geklärt. In der Regel begrenzen sich die schwerwiegendsten Verletzungen auf Schürfwunden an den Knöcheln durch die umgebundenen Lianen.

Umgeben wird dieses ganze Spektakel von einem Mythos, der sich mit dem Ursprung des Landtauchens befasst:

---

68 Vgl. Lipp: Gol – das Turmspringen auf der Insel Pentecost in Vanuatu, S. 240.

69 Vgl. ebd.
Vgl. ebenf.: Muller: Land Diving With the Pentecost Islanders.
Vgl. ebenf.: Johnson; Johnson: South Seas' Incredible Land Divers.

70 Vgl. Lipp: Gol – das Turmspringen auf der Insel Pentecost in Vanuatu, S. 272.

> In einer längst vergangenen Zeit lebte ein Mann mit dem Namen Tamalié. Seine Frau war von seiner sexuellen Energie überfordert und hatte bereits mehrfach versucht, ihm davonzulaufen. Einmal flüchtete sie sich in die Krone eines riesigen Banyan-Baumes, aber ihr eifersüchtiger Ehemann folgte ihr auch dort hinauf. Oben angekommen rief sie ihm zu, wenn er sie wirklich liebe, müsse er es ihr beweisen, und wie sie selbst auch, vom Baum springen. Als sie tatsächlich sprang, tat ihr Mann es ihr ohne zu Zögern nach. Dabei bemerkte er zu spät, daß sie sich eine Liane um die Füße gebunden hatte, die ihren Fall kurz vor dem Aufschlagen auf dem Erdboden abbremste. Während Tamalié bei dem Sturz zu Tode kam, überlebte sie unverletzt.[71]

Dieser Mythos lässt sich in insgesamt fünf Variationen finden[72], dennoch liefert keiner dieser Varianten Aufschluss darüber, wie lange das Turmspringen schon oder wieder praktiziert wird oder was die eigentlichen Hintergründe dieses Brauches sind. Eindeutig ist jedenfalls, dass es eine Art Revitalisierung durch den Tourismus gegeben hat[73]. Lange Zeit wurde es nicht oder nur sehr wenig praktiziert, bis es bei der Unabhängigkeit Vanuatus 1980 eine „Aufwertung des indigenen Selbstwertgefühls"[74] gegeben hat und ab dieser Zeit das Gol-Springen systematisch veranstaltet wurde.
Die Frage nach dem wahren Ursprung ist bedauerlicherweise nicht vollständig zu beantworten. Thorolf Lipp fasst die Möglichkeiten und Mythen darüber zusammen[75], größtenteils lassen sich diese ebenfalls in den anderen angegebenen Quellen finden:
„A manhood thing": Das zur Schau stellen der Männlichkeit taucht in allen Texten und Dokumentationen auf, die hier als Quelle dienen.
„Der Höhepunkt des Jahres": Die Mehrzahl der Quellen betrachten das Ereignis als Höhepunkt des Jahres.
„Initiation": Dass das Ereignis ein Männlichkeitsritual ist, findet sich ebenfalls in den meisten Quellen.
„Show off" für die Frauen": Das Beeindrucken der Frauen gehört genauso zum Turmspringen wie das Reden über „häusliche Probleme" davor.
„Kulturelles Ritual": Körper und Geist sollen gereinigt, das Ende der Regenzeit soll gefeiert und die Yamsernte soll garantiert werden.
„Fruchtbarkeitsritual": Das Zelebrieren der männlichen Kraft ist sowohl durch die

---

71 Lipp: Gol – das Turmspringen auf der Insel Pentecost in Vanuatu, S. 96.
72 Vgl. ebd., S. 304.
73 Vgl. ebd., S. 261.
74 Ebd.
75 Ebd, S. 36.

gesicherte Yamsernte als auch durch das Emporsteigen auf den von Männern gebauten Turm repräsentiert.
Gelegentlich wird das Gol als Imitation des Trainings amerikanischer Fallschirmspringer“[76] gedeutet. Dies wird jedoch sowohl von Lipp als auch von den Darstellungen im Internet widerlegt, da es bereits Berichte über den Brauch aus dem Jahr 1926 gibt und dies deutlich vor dem Bau der militärischen Trainingslager war[77], so dass diese Deutung an Tragfähigkeit verliert.

1.4 Physikalische Konstruktion von Bungee

Das Bungee-Springen, wie es heute praktiziert wird, ist eine sichere und sportliche Tätigkeit, die meist von Brücken oder Kränen durchgeführt wird. In Deutschland jedoch ist das Springen von nicht hierfür freigegebenen Objekten wie Brücken oder Gebäuden verboten[78]. Nur wenige öffentliche Brücken sind für solche Sprünge freigegeben, da sowohl die Verkehrssicherheit als auch der Schutz der Sportler gewährleistet werden muss[79]. Ausnahmen lassen sich in Österreich finden, so ist die 192 Meter hohe Europabrücke bei Innsbruck[80] und die im Vergleich weniger imposante, 96 Meter hohe Jauntalbrücke in Kärnten[81] für Bungee-Sprünge freigegeben. Mehrheitlich werden Sprünge jedoch von Kränen aus durchgeführt.
Bungee-springen ist keine Tätigkeit, die ohne professionelles Team möglich ist; die Ausrüstung muss ebenso regelmäßig geprüft werden wie die Jump-Sites[82] selbst, der Sprung hingegen liegt immer in den *eigenen Händen.*
Die Konstruktionen unterscheiden sich, je nachdem ob es sich um eine stationäre oder mobile Anlage handelt und ob sich diese Anlage an Land oder über Wasser befindet[83]; häufig kommen Schwenk- und Hebekräne zum Einsatz[84]; Ausnahmen bil-

---

76 Diese Möglichkeit findet sich bei Thorolf Lipp, aber auch in verschiedenen Berichten, die im Internet zu finden sind: bspw.: http://www.phid.de/inhalt/ursprungalsbungee.htm Zugriff: 25.04.14
77 Vgl. ebd.
78 Vgl. Köppern: Bungee-Springen, S. 24.
79 Vgl. ebd, S. 24.
80 Vgl: http://www.bungee-jump.net/ Zugriff: 14.04.2014.
81 Vgl. Köppern: Bungee-Springen, S. 24.
82 Ein jump-site ist eine Absprungplattform. Vgl. Glaser: Bungee Jumping, S. 6.
83 Vgl. Schäfer: Handbuch zur Durchführung von Action – Sport – Veranstaltungen, S. 24-52.
84 Vgl. Köppern: Bungee-Springen, S. 36

den hierbei der Sprung aus einem Heißluftballon und der Sprung aus einem Helikopter. Selbstverständlich gelten für jede Anlagenart unterschiedliche Sicherheitsrichtlinien und Vorschriften[85].

Das Bungeeseil ist das Herzstück des Ereignisses; es ist in der Regel aus Naturlatex, manchmal aus künstlichem Gummi hergestellt[86]. Ein solches *Bungeecord* wird ausschließlich mit einem Überdehnschutz verwendet und muss in seiner Gesamtheit mit der Anlage eine mindestens sechsfache Absicherung bieten.[87]

Die Fadenanzahl des Seiles bestimmt dessen Stärke, die theoretisch für jede Gewichtsklasse hergestellt werden kann. Um die Latexfäden ist ein schützender Mantel gelegt, welcher keine tragende Funktion erfüllt, sondern ausschließlich für den Schutz und den Zusammenhalt der Fäden verantwortlich ist. Aus den Einzelfäden ergibt sich die Bruchlast, die einem Bungeeseil zugeschrieben werden kann. Ein einzelner Faden hat eine Bruchlast, die zwischen 16 und 25 N (Newton) angesiedelt ist; ein durchschnittliches Seil mit 880 Fäden hat demzufolge bei einer mittleren Einzelfadenbruchlast von 20 N, eine Bruchlast von 17600 N, was 1,8 Tonnen entspricht. Die maximal zugelassene Körperbelastung beim Bungee-Springen beträgt hierzulande 3 G[88], hieraus ergibt sich bei einem Springer mit 95 Kilogramm Körpergewicht und einem vierfach gedehnten Seil eine Belastung, die zwischen 240 und 290 Kilogramm liegt. Das Seil hält demzufolge bedeutend mehr an Gewicht aus, als bei einem Sprung auf das Seil einwirkt.[89]

Die am häufigsten verwendete Gewichtsklasse liegt zwischen 60 und 95 Kilogramm; für diese wird ein durchschnittlich starkes Seil mit 880 Fäden verwendet[90]. Die maximale Dehnung, die ein Bungeeseil erreichen kann ohne dauerhaft beschädigt zu werden, liegt bei dem vierfachen der Eigenlänge, ab dieser Länge greift ein nicht flexibler

---

85 Vgl. Schäfer: Handbuch zur Durchführung von Action – Sport - Veranstaltungen.

86 Vgl. Schäfer: Handbuch zur Durchführung von Action – Sport - Veranstaltungen, S. 12.

87 Vgl. ebd.

88 Mit der G-Kraft ist die auf ein Objekt einwirkende Kraft gemeint, die z.B. durch die Änderung der Geschwindigkeit in Kombination mit der Trägheit des Objektes auftritt. Diese Kraft wird als ein Vielfaches der Erdbeschleunigung angegeben und steht immer in direkter Abhängigkeit des Eigengewichts. Vgl. Heintze, Joachim; Bock, Peter (Hg.): Lehrbuch zur Experimentalphysik. Band 1: Mechanik. Berlin, Heidelberg 2014, S. 30ff.

89 Ein Seil mit 880 Fäden ist für die mittlere Kategorie (zwischen 60 und 95 Kilogramm) vorgesehen und besitzt eine Gebrauchsdehnung, die zwischen 150 und 300 Prozent angesiedelt ist und eine Bruchdehnung, die bei ca. 700 Prozent oder 17600 N liegt.

90 Vgl. Schäfer: Handbuch zur Durchführung von Action – Sport – Veranstaltungen, S. 96.

Überdehnschutz, um das Seil zu schützen. Dieser Überdehnschutz ist eine außen und parallel geführte Bandschlinge, die keinen Reißschutz bietet. Das Seil, das bei Jochen Schweizer Sprunganalagen benutzt wird, ist theoretisch für 1500 Sprünge freigegeben, dennoch wird es nach 200 Sprüngen[91] ausgewechselt[92].

Abbildung 1: Bungee-Seil. Photographie: Anselm Geserer

Das Seil selbst ist an einem so genannten Varioseil befestigt. Das Varioseil ist ein Kunststoff „Bergseil" mit einem Durchmesser von mindestens elf Millimetern und wird dennoch beim Bungee doppelt verwendet[93]. Dieses ist das Bindeglied, das sich zwischen dem Bungeeseil und der Aufhängung befindet. Da es nicht flexibel ist, eignet es sich für die Feinjustierung der Sprunghöhe. Mit diesem Seil kann beispielsweise ein „dip in"[94] berechnet werden.

Alle weiteren Verbindungspunkte wie Knoten oder Befestigungen müssen einer

91 Hierzu zählen selbstverständlich auch Übungen mit totem Gewicht ect.

92 Vgl. Köppern: Bungee-Springen, S. 36.
Und am 27.04.14 vor Ort, in Oberschleisheim an der Sprunganlage erfragt.

93 Vgl. Schäfer: Handbuch zur Durchführung von Action – Sport – Veranstaltungen, S. 128.

94 Ein „Dip in" wird das Eintauchen mit dem Kopf oder Teilen des Körpers in das unter dem Sprung gelegene Gewässer genannt.
Vgl. Köppern: Bungee-Springen, S. 37f.

Konvention entsprechend einer Bruchlast von mindestens 2,2 Tonnen standhalten.[95] Im Allgemeinen gelten sehr strenge Sicherheitsrichtlinien, z.B. in Bezug darauf, wann die Materialien ausgetauscht werden müssen. Diese Richtlinien beinhalten das Alter, die Häufigkeit der Verwendung, Lichteinwirkung, Schlaufenbildung und einiges mehr.

Um die Schien- und Wadenbeine oberhalb der oberen Sprunggelenke werden zur Befestigung des Bunggecords endlos genähte Bandschlaufen verwendet, die um eine darunter liegende Polsterungsmanschette geschlungen und durch sich selbst festgezogen werden. Diese sind miteinander verbunden, sodass zwischen den Schlaufen das Bungeecord befestigt werden kann.

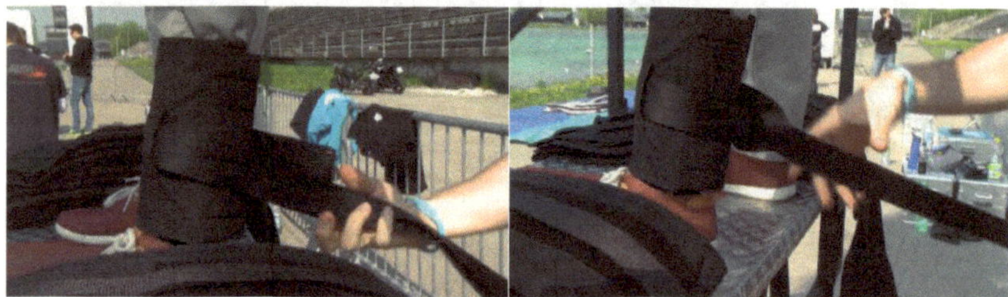

Abbildung 2: Screenshot Film: Philip Rämsch Abbildung 3: Screenshot Film: Philip Rämsch

Für die Verbindungen von Varioseil und Bungeecord oder Bungeecord und Teilnehmer und auch anderen Schnittstellen werden Schraub- oder Stahlschraubkarabiner verwendet, die wie geschildert einer Bruchlast von 2,2 Tonnen standhalten müssen. Die Teilnehmer werden mit „Sitz-" und „Brustgurten" oder einem Kombinat (Bergsteigergeschirr) beim Transport gesichert; diese Sicherung wird erst unmittelbar vor dem Sprung gelöst.

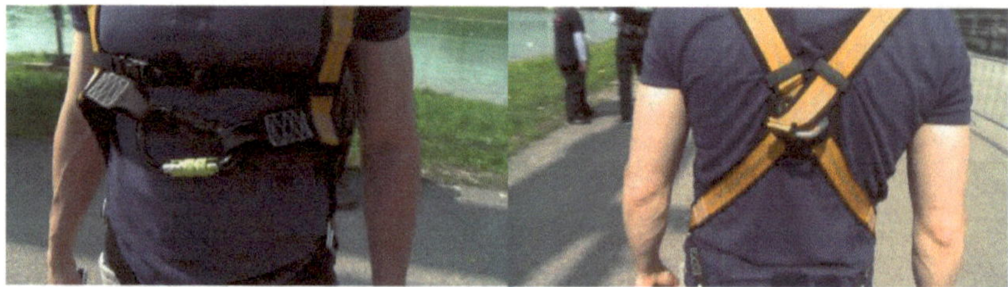

Abbildung 4: Screenshot Film: Philip Rämsch Abbildung 5: Screenshot Film: Philip Rämsch

95 Alle Werte sind dem Handbuch zur Durchführung von Action – Sport – Veranstaltungen entnommen. Schäfer: Handbuch zur Durchführung von Action – Sport – Veranstaltungen, S. 90 ff.

Das Personal wird selbstverständlich ebenfalls mit solchem Geschirr gesichert; hierbei spielen (bei Jochen Schweizer zumindest) eigene Erfahrungswerte eine große Rolle: so wird das Personal beispielsweise nicht mehr mit dem „Kravattenknoten", sondern nur noch mit dem „Mastwurf" gesichert[96]. Beim Bungee werden ausschließlich redundante und doppelt redundante Sicherheitssysteme verwendet.
Wenn nun alles überprüft und gesichert worden ist, steht dem Bungee-Sprung nichts mehr im Wege und es kann losgehen...

Abbildung 7: Screenshot Film: Philip Rämsch

Abbildung 6: Action-Cam Screenshot: Anselm Geserer

[96] Diese Information bekam ich bei einem Gespräch in Oberschleißheim, als die Interviews geführt wurden. 27.04.2014.

2 Qualitative Analyse

Das bisher eingehend beschriebene Ereignis des Bungee-Springens wird im Folgenden einer tiefergreifenden Analyse unterzogen. Ausgangspunkt der Untersuchung ist die Fragestellung, welcher Art die wahrgenommenen Qualitäten und Muster bei einem solchen Sprung sind und was mit dem Springer selbst während eines solchen Sprunges geschieht. Da ebendiese vermuteten Wahrnehmungsmuster derzeit weder bekannt noch skalierbar sind, werden Bungee-Sprünge einer retrospektiven und qualitativen Analyse unterzogen. Eine weitere Legitimation hierfür ergibt sich aus dem oberflächlichen Vergleich mit einer quantitativen Studie. 1996 wurde eine Befragung[97] von 1051 Personen nach Bungee-Sprüngen schriftlich durchgeführt; hiervon sendeten 173 Personen den Fragebogen vollständig zurück. Selbstverständlich soll von einer Kritik der Repräsentativität dieser Umfrage abgesehen werden, dennoch sind einige Fragen gestellt worden, die sich außerhalb von deklarativen Kontexten, wie: „Wenn du die Möglichkeit hättest, würdest Du Deinen Sprung wiederholen?“[98] befinden und insofern interessant für den Rahmen dieser Arbeit sind. So wurde beispielsweise in der siebten von 18 Fragen gefragt: „Als Du Deinen Jump absolviert hast, was hast Du empfunden?“[99] Antwortalternativen waren: „Selbstbestätigung“, „Hochstimmung“, „Angst“, „nichts“ und „weiß nicht“. Abgesehen davon, dass eine solche Frage voller Präsumptionen und Suggestionen ist, bleibt dem Befragten wenig Möglichkeit, adäquat das Erlebnis zu beschreiben, sodass es möglich wäre, sich eine Vorstellung von Bungee als Erlebnis zu machen. Aus diesem Grund entschied ich mich für ein narratives und qualitatives Verfahren, um einen Blick in das „Innere“ der Probanden zu bekommen und auf diese Weise präziser beschreiben zu können, inwiefern Bungee eine Erlebnisqualität bietet und wodurch sich eine solche auszeichnet.

> Qualitative Forschung rekonstruiert Sinn oder subjektive Sichtweisen – im Einzelnen sehr unterschiedlich gefasst z.B. als „subjektiver Sinn“, „latente Sinnstruktur“, „Alltagstheorien“ oder „subjektive Theorien“, „Deutungsmuster“, „Wirklichkeitskonzepte“ oder –„konstruktionen“, „Bewältigungsmuster“ oder „narrative Identität“. Ihr Forschungsauftrag ist Verstehen, gearbeitet wird mit

[97] Vgl. Schäfer: Handbuch zur Durchführung von Action – Sport – Veranstaltungen, S. 189-193.
Fragebogen: ebd. S. 214f.

[98] Ebd, S. 190, 214.

[99] Ebd. S, 213.

sprachlichen Äußerungen als ‚symbolisch vorstrukturierten Gegenständen'.[100]

Ein qualitatives Vorgehen ermöglicht es demzufolge, die subjektive Erlebnisstruktur beim Bunge-Springen zu erfassen und zu charakterisieren. Im darauffolgenden Abschnitt sollen diese Ergebnisse dann theoretisch fundiert werden, um ein valides Verständnis von Erlebnis zu erlangen.

2.1 Vorgehensweise

2.1.1 Das Erhebungsinstrument Interview und der Leitfaden

Um einen Einblick in die innere Qualität des Erlebnisses zu bekommen sind „narrative Leitfadeninterviews" eine geeignete Alternative. Befragt werden drei „Erstspringer" und ein „Vielspringer", um *Erlebnisse* in ihrer Einzigartigkeit besser verorten zu können. Leitfadeninterviews sind allgemein mit einem spezifischen Dilemma konfrontiert und zwar jenem, das sich „zwischen Strukturierung und Offenheit"[101] findet. Auf der einen Seite schränkt Strukturierung den Erzählenden ein und kann auf diese Weise Einfluss auf das Erzählte haben, auf der anderen Seite führt zu große Offenheit möglicherweise dazu, dass das Erzählte am Forschungsvorhaben vorbeiläuft. Nach Jan Kruse verletzten Leitfadeninterviews die Prinzipien der Qualitativen Forschung *Offenheit* und *Kommunikation*, da „sie etwas Bestimmtes wissen wollen, verschiedene Leitfragen stellen und somit das Interview steuern"[102]. Es ist nicht einfach diesem Problem zu entrinnen, dennoch ist es nach Kruse möglich:

> Das Dilemma zwischen Strukturierung und Offenheit in Leitfadeninterviews ist ... ein vermeintliches, wenn auch eine weiterhin grundsätzlich mögliche Problematik, die sich aber relativ gut in den Griff bekommen lässt, wenn man schon bei der Konstruktion der Interviewleitfäden einige Gesichtspunkte beachtet.[103]

Es ist möglich dem Interviewten das *monologische Rederecht* zuzugestehen und gleichzeitig zielgerichtet etwas wissen zu wollen, indem der Leitfaden ausschließlich aus *offenen Erzählaufforderungen* und *offenen Fragestellungen* besteht. Hierdurch findet zwar eine thematische Fokussierung statt, dennoch wirken die Erzählaufforderungen nicht „schließend" sondern „offen" auf die Befragten.

---

[100] Helfferich, Cornelia: Die Qualität qualitativer Daten. Manual für die Durchführung qualitativer Interviews. Wiesbaden, 4. Aufl. 2011, S. 21.

[101] Vgl. Kruse, Jan: Arbeit und Ambivalenz. Die Professionalisierung Sozialer und Informatisierter Arbeit. Bielefeld 2004, S. 146.

[102] Kruse: Arbeit und Ambivalenz, S. 146.

[103] Ebd, S. 147.

> der Vorteil von Leitfadeninterviews ist oftmals die Verzahnung von Strukturierung beziehungsweise Fokussierung *und* Offenheit, wodurch eine höhere und forschungspraktisch einfachere Vergleichbarkeit mehrerer Interviews gegeben ist.[104]

Bei der Gestaltung der Leitfragen hielt ich mich an die Richtlinien über eine solche Vorgehensweise – die selbstredend unter anderem – sowohl von Cornelia Helfferich als auch von Jan Kruse diskutiert werden.[105] Die Leitfäden selbst sind dem Anhang zu entnehmen, ebenfalls die datenschutzrechtlichen Vorlagen, die bei den Interviews ausgehändigt und unterschrieben wurden (Anhang: 9.1).
Ich ging bei der Entwicklung der Leitfäden nach dem SPSS Prinzip[106] vor: sammeln – prüfen – sortieren – subsumieren. Der Leitfaden selbst besteht letzten Endes jedoch nicht mehr aus einem linearen Fragenkatalog, sondern aus einer „nichtlinear" und tabellarisch angeordneten Batterie von „Erzählaufforderungen"[107]; diese sollen gewährleisten, dass den Interviewten das monologische Rederecht zugestanden wird und hierbei keine Implikationen, Präsumptionen und Präsuppositionen die Befragten in ihrer Erzählung beeinflussen[108].

2.1.2 Ablauf und Bedingungen

Nachdem ich die Zusage des Unternehmens von Jochen Schweizer hatte, die Bungee-Anlage in München zu besichtigen, selbst zu springen und Interviews mit Erstspringern zu führen, fuhr ich am Samstag den 26.04.2014 nach Oberschleißheim bei München zur ersten in Deutschland offiziell eröffneten Bungee-Analage; diese befindet sich direkt an der Olympia Ruderregatta. An diesem Tage war die Anlage für Kunden noch nicht in Betrieb und Mitarbeiter wurden in Sicherheitsabläufen geschult. Wir einigten uns auf folgenden Ablauf: zuerst sollte der „Vielspringer" springen und ich im Anschluss daran das Interview mit ihm führen, als nächstes sollten dann mein Kameramann und ich springen; die Interviews mit den Erstspringern,

---

104 Kruse: Arbeit und Ambivalenz, S. 150.

105 Vgl. Helfferich: Die Qualität qualitativer Daten. S. 179-187.
Vgl. ebenf.: Kruse: Arbeit und Ambivalenz. S. 146-151.
Vgl. ebenf.: Kruse: Kruse, Jan: Qualitative Interviewforschung. Ein Integrativer Ansatz. Basel, Weinheim 2014, S. 213-228.

106 Vgl. Helfferich: Die Qualität qualitativer Daten, S. 178-190.

107 Vgl. Kruse: Arbeit und Ambivalez, S. 149.
Vgl. ebenf.:Kruse: Qualitative Interviewforschung, S. 217.

108 Generelle Anforderungen an die Interviewsituation und den Interviewer insbesondere bezüglich seines (verbalen) Verhaltens finden sich bei:
Helfferich: Die Qualität qualitativer Daten, S. 108 u.a.

würde ich dann am nächsten Tag bei der Eröffnung führen (ein detaillierter Erlebnisbericht des Sprunges findet sich im Anhang (Anhang: 9.3). Der Sprung und das Interview des Vielspringers verliefen reibungslos. Dieses und alle weiteren Interviews wurden auf der danebengelegenen Tribüne geführt. Hierzu gingen wir ganz nach oben, zu den hintersten Plätzen der Tribüne, sodass wir uns entfernt vom „Trubel" und mit einer Wand im Rücken entspannt hinsetzen konnten. Die Interviews mit den „Erstspringern" führte ich am darauffolgenden Tag, dem Tag der Bungee-Saison-Eröffnung. Die Rahmenbedingungen waren sehr günstig, es fanden sich genügend Leute ein und einen passenden Interviewplatz gab es auch, dennoch trübte das Wetter an diesem Tag die Stimmung etwas. Es war relativ kalt, nebelig und nass. Ich versuchte die Stimmung mit den Probanden aufzulockern, in dem ich diesen Getränke und Kekse anbot; keiner der Teilnehmenden wollte jedoch etwas davon.

Um Interviewpartner für mich zu gewinnen, sprach ich einfach wartende Teilnehmer direkt an. Hierbei versuchte ich die Personen so zufällig, wie es mir bewusst möglich war, auszuwählen und anzusprechen. Es gab lediglich zwei Auswahlkriterien: dies musste der erste Sprung des Teilnehmers sein und der Sprung sollte alleine durchgeführt werden[109]. Lediglich eine Person, die ich ansprach hatte kein Interesse an dem Interview, für alle Angesprochenen galt jedoch, dass es der erste Sprung war, dennoch wollten einige im „Tandem" springen, etwa $^2/_3$ aller angesprochenen; das Personal versicherte mir, dass dies wesentlich mehr ist, als an anderen Tagen. Ich führte mit allen Erstspringern sowohl vor dem Sprung ein kurzes und nach dem Sprung ein ausführliches Interview. Alle Interviews fanden am Sonntag den 27.04.2014 zwischen 12:00 und 17:30 Uhr auf der erwähnten Tribüne statt. Besondere Vorkommnisse gab es keine. Die Interviews hatten überraschenderweise lediglich eine Länge zwischen sechs und zehn Minuten; erwartet hatte ich wesentlich mehr, doch die Befragten kamen nach diesem Zeitraum und den Erzählaufforderungen in keinen längeren Erzählfluss mehr.

[109] Viele springen „Tandem", das ist ein Sprung, bei dem zwei Personen an einem Bungee-Cord befestigt werden.

2.1.3 Transkription

Alle Interviews wurden mit einem digitalen Aufnahmegerät und Mikrofon aufgenommen. Die Aufnahmen wurden zu späterem Zeitpunkt auf einen PC überspielt und mit dem Programm „f4" transkribiert[110]. Hierbei wurden folgende Regeln verwendet:

1. Pausen:

(-), Wort – Wort	Kurze Pause im Sprachfluss
(1), (2), (3)...	Pausen in Sekundenlänge

2. Stärkere oder starke Betonung:

<u>Unterstrichen</u>

Fragende Intonationen sind mit „?" gekennzeichnet (Anstieg)

3. Sonstige Konventionen:

[lach] ect.	Außersprachliche Handlungen/Ereignisse
[...]	Auslassungen im Transkript
(xxxx)	Anonymisierung
{Parallel}	Parallel stattfindende/s Handlung /Ereignis

Lach = leichtes Lachen

Lacht = mittelstarkes Lachen

Oder Beschreibung

Die Regeln sind an das GAT-System (Gesprächsanalytisches Transkriptionssystem) angelehnt und für die Zwecke dieses Rahmens optimiert worden.[111] Alle Transkripte

---

110 Vgl. die empfohlene Vorgehensweise in:
Cremer, Jonas; Kruse, Jan; Wenzler-Cremer, Hildegard: Interviews auf Computer überspielen und transkribieren. Ein Manual für die Aufnahme und Transkription von Interviews mit einfachen EDV-basierten Lösungen. Version: Oktober 2008.
http://www.soziologie.uni-freiburg.de/personen/kruse/texte/manual/at_download/file
Zugriff: 19.05.2014

111 Vgl. Lucius-Hoene, Gabriele; Deppermann, Arnulf: Rekonstruktion narrativer Identität. Ein Arbeitsbuch zur Analyse narrativer Interviews. Wiesbaden, 2. Aufl. 2004, S. 310, 355f.

sind dem Anhang zu entnehmen (Anhang: 8.3).

2.1.4 Interpretation

Die Interpretation der Interviews soll ein Ergebnis zutage fördern, das es ermöglicht Merkmale dessen, was als „Erlebnis“ empfunden wird, zu abstrahieren. Dieses Vorhaben ist gleichfalls mit der Problematik verbunden, dass sich Vorannahmen in die Interpretation einschleichen könnten. Dieser Umstand wird durchaus kritisch erfasst und somit der Versuch unternommen, Vorannahmen weitestgehend zu minimieren. Zwei grundlegende Hypothesen jedoch begleiten die komplette Arbeit und zwar jene, dass erstens Erlebnisse eine spezifische Qualität aufweisen und zweitens, dass Bungee diese Qualität in sich trägt oder auslösen kann.

Die Analyse verläuft auf zwei Hauptebenen, der inhaltlichen, der Ebene der äußerungsimmanenten Semantik und auf der Ebene der rekonstruktiven Deutung[112]. Auf rekonstruktiven Ebene funktioniert die Deutung *oberhalb* des propositionalen Gehalts des Gesagten; bedeutend sind hier die Implikationen, die Assoziationen und die Art der Darstellung, die über die Semantik hinausgehen[113]; die beiden Ebenen finden sich dieserfalls (u.a. aus Platzgründen) in durchmengter Weise, jedoch geht aus den Analysen stets hervor, auf welche Ebene sich die beschriebene Deutung bezieht.

Grundlegend bei dieser Form der Analyse ist ein differenzierter Blick auf das Geäußerte, denn jedes strukturelle Merkmal kann von Bedeutung sein. Die gegenstandsfundierte und kontextsensitive Methode unterliegt verschiedenen Prinzipien[114], die in der folgenden Analyse in weitestem Sinne beachtet werden.

- Datenzentrierung: Alle Schlussfolgerungen müssen auf dem Text (dem transkribierten Interview) basieren und jede Form der Äußerung trägt Bedeutung in sich.
- Rekonstruktionshaltung: Es kann verschiedene Interpretationen geben, von denen jede ihre Berechtigung hat. Ebenfalls das „Selsbtverständliche“ muss hinterfragt werden.
- Sinnhaftigkeitsunterstellung: Es muss davon ausgegangen werden, dass jede Form der Äußerung sinnhaft motiviert ist und Bedeutung subjektiv kohärent generiert wird.
- Mehrebenenbetrachung: Das Gesagte sollte auf verschiedenen Sinnebenen analysiert werden.
- Sequenzanalyse und Kontextualität: Die Reihenfolge des Gesagten ist auf Grund

---

Vgl. ebenf.:Kruse: Arbeit und Ambivalenz, S. 348.

112 Angelehnt an das Vorgehen in: Lucius-Hoene; Deppermann: Rekonstruktion narrativer Identität.

113 Vgl. Lucius-Hoene; Deppermann: Rekonstruktion narrativer Identität, S. 18.

114 Vgl. ebd, S. 97-107.

des sich ändernden oder dynamischen Kontextes konstitutiv.
- Explikativität und Argumentattivität: Die Interpretationen müssen klar und präzise formuliert sein, sodass sie zweifelsfrei auf dem Interview basieren.
Die folgende Analyse wählt einen Mittelweg zwischen den erwähnten Ebenen. Das explizit Gesagte nimmt hier eine essentielle Rolle ein, da davon ausgegangen wird, dass die Teilnehmenden keine ersichtliche Veranlassung hatten, nicht die Wahrheit zu äußern. Hinzu kommt, dass den Befragten vor dem Interview keine Hinweise auf die Kernthematik gegeben wurden; in der Akquise wurde lediglich erwähnt, dass es sich hierbei um eine Arbeit über Bungee handele. Die Problematik, die sich für die rekonstruktive Sozialforschung aus der Strukturierung durch die Leitfragen ergibt, wurde bereits oben erwähnt. Die Rekonstruktion der impliziten Semantik ist ein weiterer Baustein der Analyse, die Interviews werden nach den gleichfalls oben beschriebenen Kriterien ausgewertet.
Vier Interviews halten in die Analyse Einzug, wobei eines dieser Interviews einen Sonderstatus einnimmt, da es mit einem Auszubildenden von Jochen Schweizer geführt wurde; dieser ist der „Vielspringer" und das Interview soll im Vergleich einige Erkenntnisse hervorbringen (25 jähriger Student: Code: 1) . Die anderen drei Interviews wurden geführt: mit einer 25 jährigen Frau, die im Bereich des online Eventmarketing arbeitet (Code: 2.x), mit einem 27 jährigen Mann, der einen Ausbildungsberuf ausübt (Code: 3.x) und einer 20 jährigen Frau, die sich nach dem Schulabschluss noch orientiert (Code: 4.x). Die Interviews sind mit fortlaufenden Zahlen nummeriert, hierbei bedeutet X.0, dass das Interview vor dem Sprung stattgefunden hat, X.1 hingegen verweist auf ein Interview nach dem Sprung. Das „I" nach der Zeilenzahl im Transkript steht für den „Interviewer", das „B" für Befragte/r, Zeitmarken wurden in den hier angeführten Stellen entfernt, sind jedoch im Transkript einzusehen[115].

2.2 Analyse der Erstspringer

In der Erarbeitung und Redaktion der Interviews zeigen sich Motive, die in vergleichbarer Weise bei allen Interviewten thematisiert werden. Es deutet sich eine Form von Sprachlosigkeit an bezüglich einer besonderen Qualität; hinzu kommt eine spezifische Form der Relation zwischen Subjekt und Objekt/Umwelt und darüber hinaus findet sich ein fokussiertes Wahrnehmungsmuster, in dem das Zeitempfinden stark modifiziert zu sein scheint.

[115] Durch die Entfernung der Zeitmarken ergeben sich an einigen Stellen Zeilenfehler und zwar genau dann, wenn die Zeitmarke in einer einzelnen Zeile stand.

2.2.1 Eine außergewöhnliche Qualität

Im Folgenden werden die entsprechenden Passagen zueinander in Beziehung gesetzt, sodass sich eine Erlebnisqualität herausarbeiten lässt, die konstitutiv für das zugrundeliegende Phänomen ist. An einem Gummiseil befestigt in die Tiefe zu springen, ist zweifelsohne keine alltägliche Tätigkeit, dennoch betonen die Interviews einen weitaus sublimeren Aspekt, der über dieses „nicht dem Alltag Zugehörige“ hinaus geht:

```
Interview Nr. 2.1:
I    okee - wie isses äm dir genau bei diesem sprung
     jetzt ergangen?

B    eigentlich saugeil war super professionell - sau
     witzig des ganze team - äm (.5) wie gesagt [stockt]
     mir wurd da komplett eigentlich so die scheu auch
     genommen oder die angst und swar eigentlich ganz
     locker un des ging dann eigentlich reibungslos -
     dann (1) ins un - gewisse - war super
```

Zu Beginn der Passage steht das „Sichere“ (das Professionelle, Zeile 13) im Vordergrund, diese Deutung geht in die subjektive Wahrnehmung der Erwartungshaltung über (die Scheu und die Angst wurden besiegt, Zeile 15f) und mündet schlussendlich im „Ungewissen“ (Zeile 18). Dieses Ungewisse scheint auf etwas Besonderes im Außergewöhnlichen des Bungee-Sprungs hinzuweisen, da es außerhalb des Definierbaren zu liegen scheint. Gewöhnlich ist der Alltag definierbar, eher rational und geordnet, er zeichnet sich durch Strukturen der Wiederholung aus[116]. Ebendiese Strukturen minimieren Ungewisses und Unsicherheit; so schließt sich dieses „Ungewisse“ an den „reibungslos“ (Zeile 17) funktionierenden Ablauf an, das hiernach als das Gewisse und das Sichere gilt. An dieser Stelle lassen sich zwei Positionen identifizieren, die dichotom zueinander stehen.

[116] Vgl. Kapitel 3.3.1, 3.3.2

Interview 2.1:
19I wie hast du dich gefühlt beim springen selbst?

21B sehr schön eigentlich n bisschen aber auch
22 unbeschreiblich - weil des war so – ja du fällst
23 [lacht] - denkste dir nur du siehst nur des wasser
24 unter dir - ja - und dann realisierst du auf einmal
25 moment [lach] also grad wenn auf einmal des gummi
26 ähm gummiseil dann irgendwie doch z - zieht und du
27 wieder nach oben federst - da merkst du eigentlich
28 erst richtig was du da eigentlich grad getan hast
29 [lach]

So wie der Alltag gewohnt, geordnet und strukturiert ist, lässt er sich beschreiben; das „Unbeschreibliche" (Zeile 22) hingegen deutet auf etwas Ungewohntes, dem Alltag Fremdes hin. Die allgemeine Unsicherheit (Zeile 22-27) lässt sich in dieselbe Richtung deuten; das Unbeschreibliche ist nicht nur ungewohnt, sondern ferner in seiner Form so eigen, dass es schwerfällt das Gefühl selbst zu beschreiben.
Gleichfalls zeigt sich etwas, das sich zu verflüchtigen scheint, etwas, das kurzzeitig auflebt doch im unmittelbaren Anschluss wieder versiegt: während des E*rlebens* fällt es schwer zu beschreiben, was gerade geschieht, erst im Nachhinein, wenn es vorüber ist, „da merkst du eigentlich erst richtig, was du da eigentlich grad getan hast"[117].
Dass das E*rleben* in seiner Wahrnehmung nicht nur unbeschreiblich ist – oder wenigstens mit unserer symbolischen Sprache sehr schwer genau so zu beschreiben ist, dass es dem *Erlebten* gleicht – sondern gleichfalls die eigenen Erwartungen übertrifft, lässt sich im folgenden Abschnitt erkennen:

Interview 2.1:
98 [...] isses halt
99 doch was anderes - als man sichs vorher vielleicht
100 vorgestellt hat - weil man sichs eben aber nich
101 wirklich vorstellen kann es is einfach nich greifbar
102 dieses gefühl auch wenn man sich erzählungen
103 durchliesst oder videos ansieht denn isses einfach
104 noch viel da is einfach ne distanz - da die äm -
105 dass mans einfach soo jetzt nur objektiv betrachten
106 kann - aber wenn mans dann selber erlebt isses
107 einfach was komplett anderes

Das Erlebte ist für die junge Frau etwas „komplett Anderes" (Zeile 107) als das, was sie sich im Alltag vorstellen oder an Informationen eruieren kann (Zeile 100ff); erst

117 Interview 2.1, Zeile 28.

im Nachhinein ist es überhaupt vorstellbar (Zeile 100f), da im Vorfeld die Vorstellung mehrheitlich an den Alltag gebunden ist. An dieser Stelle findet sich erneut eine Qualität, die sowohl innerhalb des Erlebten zu finden ist, als auch dem Alltag gegenüber positioniert ist.

Der folgende Abschnitt zeigt gleichfalls, dass es schwer fällt das Gefühl während des Sprunges zu beschreiben und dass es darüber hinaus auch überrascht, wie sehr es aus erwartbaren und gewohnten Kategorien des Alltags herausfällt:

Interview 3.1:
5B also - des woa jetzt eigendlich des extremste wos i
6 gmacht hob bisher - muss i jetztä echt song - und es
7 woar - riesich des woa echt geil - des woa sgrößte
8 wos i bis jetzt gmacht ham muss i echt song

10I oke - äm kannst du mir speziell von diesem sprung -
11 berichten?

12B kann ich [lacht] - also i soch amol wenns so drinne
13 stehst - denkst de scho o o - dann umme - wenns du
14 bist - schaust runder denkst di du mogst des nit -
15 wirkli du host (.5) denkst da naa - des megst nit -
16 aber hinten die vo jochen schweizer di hom di echt
17 beruhicht die hom echt gsocht mensch - denk d nix
18 dabei - ne - spring einfoch (.5) {mittellaute
19 gespräche im hintergrund} hot mi au zusetz no weng
20 beruhich - uund - du schaust einfach nunder denkst
21 da scheiß drauf - spring jetzt einfoch und (.5) des
22 - is - so ä geiles gefüll - des des komma go net
23 beschreim des - issss hammer - dess [lufthol] (1)
24 wie gsacht du du willst schraie aber des isgeht -
25 des geht nit des isss - aah - des is - geil einfach
26 geil

Übermannt und euphorisch wären wohl die Worte um zu beschreiben, wie sich dieser junge Mann während des Sprunges und danach gefühlt hat. Denn auch hier findet sich das Überraschungsmoment des Unbeschreiblichen (Zeile 22f), das in diesem Kontext als Hinweis auf eben dieses Unbeschreibliche und aus dem Alltag ausbrechende Qualität zu deuten ist[118]. Die Schilderung reduziert sich in Folge der Schwie-

[118] Eine außeralltägliche Struktur macht das *Erlebnis* erst möglich, da in ihr die Struktur des *Ilinx* (des Rausches) erlebbar gemacht wird.
Vgl. Kapitel 3.4.

rigkeit des Beschreibens und Einordnens dieser besonderen Qualität auf ein Adjektiv, das mehrheitlich jugendsprachlich verwendet wird: „des is - geil einfach geil“[119]. Die arbiträre Referenz der Symbolik ermöglicht nun, dass die Imagination die umfassende „Größe“ und Eigenschaft des Erlebten fassen kann. Das phantastische Konstrukt referiert nun auf ein komplexitätsreduzierendes Symbol und wird hierdurch kognitiv erfassbar gemacht. Dies erweist sich als Indikator für das Außergewöhnliche, das in den hier angeführten Fällen permanent in Erscheinung tritt. Dieses Außergewöhnliche hat, wie es scheint, die Eigenschaft, dem Alltag fremd und entgegengesetzt zu sein. Hinzu kommt, dass es den Alltag sogar zu verdrängen scheint. Ebenfalls in folgendem Abschnitt lässt sich jene oben angesprochene Charakteristik aufzeigen: die außergewöhnliche Qualität scheint darüber hinaus in höchstem Maße vergänglich und flüchtig zu sein:

Interview 3.1:
43 [...] als a vom körper
44 her ALLES is wirklich angspannt des is echt der
45 wahnsinn des komma go nit beschreim - des isss (1)
46 und dann springst du -un [stockt] - des is leider
47 blos ä kurzer moment - wirklich des sen sekunden un
48 dann isses vorbei leider

Der qualitative Moment, die Phase des Erlebens liegt außerhalb der beschreibbaren Kategorien (Zeile 45) und verflüchtigt sich. Insbesondere beim Bungee ist das Erleben auf einen wirklich kurzen, intensiven Moment reduziert, denn alltägliche Kategorien erobern die Deutungshoheit unmittelbar nach dem *Erleben* zurück (Zeile 48). Die außergewöhnliche Qualität, die den bisherigen Passagen zu entnehmen war, scheint eine Art Konstante zu sein. Im folgenden Abschnitt finden sich Hinweise auf spezifische physische und psychische Zustände, die mit eben dieser Qualität zu korrelieren scheinen:

Interview 4.1:
13I oke und äm was kannst du mir von diesem bungeesprung
14 jetzt - direkt und speziell erzählen?

15B (3,5) ja also äm es woa sehr aufregend un man dengt
16 in dem moment also (1) ich hob in dem moment
17 [lufthol] eigndlich gor nix docht - gar - nichts
18 (.5) überhaupt - nichts - un des woar - man zittert
19 - immerno weiche knie - ich zitter immer no [lacht]

119 Interview 3.1, Zeile 25f

```
also es war sehr sehr aufregend
```

Die Befragte befand sich, ihrer Schilderung zufolge, in einem Zustand, in dem sie „nichts“, an „überhaupt nichts“ dachte. Dieser Zustand deutet auf eine spezifische Form der Rezeption hin. Die Wahrnehmung der Springerin hat sich in einer bestimmten Form verlagert oder reduziert. Dieser Sachverhalt lässt zwei Deutungen zu: zum einen könnte die Wahrnehmung wirklich ausgeschaltet worden sein, das Gehirn hätte in diesem Fall die Verarbeitung des sensorischen Inputs schlichtweg eingestellt. Zum anderen deutet dieser Umstand darauf hin, dass die Gedanken inklusive der Denkstrukturen einen anderen Fokus zugesprochen bekommen haben. Es scheint als gäbe es für die Interviewte keine Prioritäten mehr; Gedanken des Alltags, Sorgen und Routinen scheinen in den Hintergrund gerückt. Diese Deutung wird durch die „aufregende“ Komponente des *Erlebten* (Zeile 15, 20) im Vergleich mit dem Alltag plausibel: der Alltag in seiner strukturierenden und sich wiederholenden Weise, ist dem Neuen, dem Undurchschau- und Unberechenbaren, eben dem Aufregenden entgegengesetzt positioniert. Gleichwohl lässt sich der Alltag als eine Art „Sicherheitsgenerator“ deuten, Komponenten wie „Wiederholung“, „Struktur“, „Ordnung“ oder „Routine“ bieten und generieren Sicherheit auf verschiedenen Ebenen[120]. Körperliche Reaktionen wie „Zittern“ oder das Auftreten des Gefühls von „weichen Knie“ (Zeile 18f) deuten darauf hin, dass sich das Subjekt aus den Sicherheitsstrukturen des Alltags herausgelöst hat. Hieraus lässt sich jedoch nicht schließen, dass Angst oder Gefahr im Spiel war; in erster Linie deutet das auf eine Form der Negation des Alltags hin. Die junge Frau reagierte körperlich auf diese ungewohnte Situation. Deutlich ist, dass eine Form des außeralltäglichen Zustandes beim Bungee durch eine Situation ausgelöst wird, die primär auf den Körper einwirkt.

Die hier zur Geltung kommenden Interviews weisen noch eine weitere beachtenswerte Charakteristik auf: es lässt sich eine unerklärbare Gravitation erkennen, die von der außergewöhnlichen Qualität oder dem identifizierten außeralltäglichen Zustand auszugehen scheint. Eine Art nicht greifbare und irrationale Anziehungskraft, die sich in erster Linie in den positiven Beschreibungen über das erlebte Bungee-Springen äußert. Insbesondere sind hier solche Passagen angesprochen, bei welchen es den Befragten schwer gefallen ist die „passenden“ Worte oder Kategorien zu finden. Das Unvermögen die richtige Formulierung zu finden, gepaart mit einer allgemeinen und sich durch das ganze Gespräch ziehenden Euphorie, Begeisterung oder Überschwänglichkeit, die sich implizit in den Beschreibungen zeigen, ist ein Indiz für diese

[120] Vgl. Ausführungen über den Ausbruch aus dem Alltag und die damit verbundene Unsicherheit. Kapitel 3.4.

Anziehungskraft, die weder skalier- noch messbar ist[121].

Die letzten Zeilen des oben angeführten Interviews (Interview 3.1, Zeile 21-26) münden, wie schon erwähnt in einer Situation, in der der Befragte das Gefühl hat, nicht zu wissen, welche Worte angemessen wären; er flüchtet sich in Folge dessen hilfesuchend in einen emphatischen Ausruf, der Interjektion: „aah" und gelangt schlussendlich zu einer Beschreibung, die der Reduktion auf ein einziges Adjektiv (geil, einfach geil[122]) unterliegt.

Auch im Folgenden steht für den Interviewten, bei der Thematik des Zeitempfindens „das Gefühl" im Zentrum:

```
Interview 3.1:
61B   (1) also es war kurz ich hats ich hätts ma länger
62    vorgstellt - des gefühl dasss (1) fee freilosigkeit
63    aber (1,5) [säufz] ssssfffff i binno völlich - ja
```

Das Unbeschreibliche der außergewöhnlichen Qualität paart sich hier mit einer Sehnsucht, die auf das Erleben bezogen ist. Die Anziehungskraft kanalisiert sich, in diesem Fall, durch die Worte „Freiheit" und „Schwerelosigkeit" (Zeile 62) und kombiniert sich zusammenfassend in dem Wort „Freilosigkeit".

Diese Form der latenten Gravitation lässt sich im folgenden Abschnitt aus einer Differenz folgern, der Differenz, die sich zwischen dem vorgestellten und dem erlebten Erlebnis auftut.

```
Interview 2.1
100                       [...] weil man sichs eben aber nich
101   wirklich vorstellen kann es is einfach nich greifbar
102   dieses gefühl auch wenn man sich erzählungen
103   durchliesst oder videos ansieht denn isses einfach
104   noch viel da is einfach ne distanz - da die äm -
105   dass mans einfach soo jetzt nur objektiv betrachten
106   kann - aber wenn mans dann selber erlebt isses
107   einfach was komplett anderes
```

Das echte und selbst erfahrene Erlebnis hat jene außergewöhnliche Qualität, die jede Imagination, Phantasie und selbst mentale Simulation übertrifft. Jene irrationale Anziehungskraft ist nicht in der Art fassbar, als dass sie an spezifischen Punkten fixiert werden könnte; wie die außergewöhnliche Qualität selbst, zeigt sie sich in dem subjektiven Verhältnis, das zwischen Individuum und Umwelt zu finden ist. Für jedes Individuum fördert ebendiese Qualität eine eigene Form der irrationalen Gravitation

121 Hierbei bildet der Vielspringer eine Ausnahme.

122 Vgl. Interview 3.1, Zeile 25f.

zutage.

2.2.2 Die Relation des Subjekts zu seiner Umwelt

An diesem Punkt ist es essentiell eine gründliche Definition der Begrifflichkeiten „Ich", „Subjekt", „Objekt" und „Umwelt" vorzunehmen, da diese im Folgenden wesentliche Rollen einnehmen. Ausgehend von der „res cogitans" bestimmt Helmut Plessner ein sich selbst gegenwertiges und demnach ein auf sich selbst bezogenes Ich[123]. Das Ich bedeutet in diesem Zusammenhang sich selbst zu erfassen[124] und sich hierdurch selbst zu erleben[125]. Diese Selbstreferenz ist gleichfalls bei Niklas Luhmann innerhalb des „Psychischen Systems" zu finden[126]. Psychische Systeme sind autopoetische Systeme, die beobachtende Gedanken beobachten, demzufolge Bewusstsein durch Bewusstsein besitzen. Diese Beobachtung zweiter Ordnung (Selbstbeobachtung) führt zu einer Selbstunterscheidung und charakterisiert das Ich. Das Subjekt hingegen entwickelt sich aus dem „Ich" heraus. Es ist das Zugrundeliegende oder das Unterworfene[127], es meint das psychologisch-erkenntnistheoretische „Ich" als Gegenüber eines „Nicht-Ich". Es erkennt sich selbst und seine Umwelt, die aus „Nicht-Ichs" besteht[128]. Dieser Begriff von Subjekt ist innerhalb dieser Arbeit zugrunde gelegt. Dem gegenüber ist das „Objekt" positioniert. Das Objekt ist das „Entgegengestellte" oder „Entgegengeworfene"[129]. Alles was von Subjekten als „Nicht-Ich" wahrgenommen wird. Dies soll hier ebenfalls für die Umwelt gelten, da ebendiese Merkmale für die Umwelt eines Subjektes zutreffend sind. Die Umwelt konstituiert sich demnach aus den wahrgenommenen „Nicht-Ichs", die das Subjekt umgeben.

Neben der außergewöhnlichen Qualität bei den Bungee-Sprüngen lässt sich bei den Befragten eine spezifische Transformation des Subjekts erkennen. Die Springenden, bei denen sich jene Qualität manifestiert hat, scheinen sich und die Umwelt anders wahrzunehmen.

```
Interview 2.1
```

---

123 Vgl. Plessner, Helmut: Die Stufen des Organischen und der Mensch. Einleitung in die philosophische Anthropologie. Berlin, New York 1975, S. 46.

124 Vgl. Plessner: Die Stufen des Organischen und der Mensch, S. 47.

125 Vgl. Ebd, S. 292.

126 Vgl. Krause, Detlef: Luhmann-Lexikon. Eine Einführung in das Gesamtwerk von Niklas Luhmann. Stuttgart, 4. Aufl. 2005, S. 237.

127 Vgl. Schmidt, Heinrich; Schischkoff, Georgi (Hg.): Philosophisches Wörterbuch. Neu bearb. von Georgi Schischkoff. Stuttgart, 22. Aufl. 1991, S. 703.

128 Vgl. Ebd.

129 Vgl. Schmidt; Schischkoff (Hg.): Philosophisches Wörterbuch, S. 527.

40I okee hast du was hast du so wahrgenommen?

41B wahrgenommen hab ich ehrlich gesagt nur die stimmung
42 kurz - des war aber jetzt von dem trainer von [lach]
43 den ruderern - äm eigentlich sonst nur so des wasser
44 die farbe - und - mehr eigentlich nicht [überrascht]

46I wie hast du - ä - dich in bezug auf deinen körper
47 gefühlt?

48B ja (1) sehr sehr leicht - also wirklich so [stockt]
49 so n bisschen schwerelos eigentlich - kann man
50 sagen, ja

Das Wasser scheint in diesem Kontext (und gleichfalls in den anderen Interviews) eine Sonderrolle einzunehmen. Nahe liegt die Deutung, dass es für etwas steht, da es nicht als klassisches Objekt dem Subjekt gegenübersteht. Würde das Wasser (Zeile 43f) als Objekt gedeutet, das dem *erlebenden* Subjekt gegenüberstünde, hieße das, dass sich das Subjekt als solches identifizieren und sich demgemäß von seiner Umwelt trennen würde. Dieses Deutungsmuster verlangt es, das Augenmerk auf die Grenze des Subjekts zu richten, denn an dieser Stelle, kann sich ein Indikator finden, ob sich ein Individuum in gewohnter Weise oder in einer spezifisch modifizierten Weise wahrnimmt. Die Deutung, dass es einen Augenblick gibt, in welchem die strikte Subjektidentifikation keine Geltung mehr hat, ergibt sich aus der Gesamtheit der Beschreibungen und der Kombination mit der Wahrnehmung des „Ich". Hier soll die Wahrnehmung des Körpers als Indikator für das Ich gelten[130] (Zeile 48-50). Die Wahrnehmung der Umgebung beschränkt sich genau genommen auf das Wasser[131]. Retrospektiv ist die Befragte überrascht, dass sie lediglich das Wasser wahrgenommen hat (Zeile 44). Diese exklusive Rezeption lässt sich durchaus als Hinweis auf eine verschobene Grenze des Subjekts verstehen, insbesondere bei Hinzunahme der Beschreibung über den eigenen Körper, denn dieser sei „sehr sehr leicht" und „schwerelos"[132] gewesen. Grenzen, und hier bilden die Grenzen des Subjekts keine Ausnahme, haben genuin einen eingrenzenden – und hierdurch gleichfalls einen einengenden Charakter. Fühlt sich ein Individuum nun merklich leichter und somit freier, kann dies als Hinweis auf ein Transzendieren der Subjektgrenzen verstanden werden. Das Wasser steht beispielhaft für eine Einheit von Innenwelt und Außenwelt

---

130 Vgl. Plessner: Die Stufen des Organischen und der Mensch, S. 292.

131 Hinzu kommt in diesem Fall die Stimme des Ruderer-Trainers, der das Subjekt ablenkt und möglicherweise aus seinem akuten Istzustand herausreißt (Zeile 41-44).

132 Interview 2.1, Zeile 48, 49.

oder genauer von Subjekt und Objekt.

```
Interview 3.1
27I   oke - wie äm - wie war soauf was hast du dich
28    konzentriert bei dem sprung?

29B   auf gonix - auf gonix - ich hob ma einfach blos
30    dengt - ääfff - jo (1) mach des - mach des [tiefes
31    luftholen]

32I   oke - was hast du wahrgenommen?

33B   (2,5) eigen eigendli eigendlich nur des wasser - des
34    wasser - des wasser under mirso weida hob i egndlich
35    go nix wohgnomme ich hab holt go nix denkt -
36    [stockt] (1,5) wiklich - desss (1) wo richtig
37    befreiend soch i jetzt amol - nä
```

Das Wasser ist ebenfalls bei diesem Befragten im Fokus, dies geht aus der dreimaligen Nennung hervor (Zeile 33f). Hinzu kommt, dass die Erinnerung bezüglich des Gedachten oder des Wahrgenommenen – von dem Wasser abgesehen – „Nichts" ist (Zeile 29, 34f und die oben angeführten Zeilen 42, 45). Dies lässt nun unterschiedliche Deutungen zu: zum einen könnte das heißen, dass der Befragte wirklich nichts gedacht oder wahrgenommen hat. Dies scheint jedoch extrem unwahrscheinlich, angesichts der Tatsache, dass die Wahrnehmung unseres Gehirns bei Bewusstsein nur schwerlich abgeschaltet werden kann. Zum anderen lässt sich dieser Sachverhalt (des „an nichts denken") als Hinweis darauf verstehen, dass das Wahrgenommene nicht einzuordnen ist. Ist eine Akkumulation von Reizen nicht einzuordnen, kann dies einerseits bedeuten, dass es dem Bereich der außergewöhnlichen Qualität zugeordnet werden kann. Andererseits lässt es die Deutung zu, dass das Muster zu „groß" ist um es zu fassen, da es „übergeordnet" ist. Wenn das Individuum in einem Modus ist, in welchem die Grenzen des Subjekts in einer Weise nach außen transzendieren, so liegt es nahe anzunehmen, dass das Subjekt mit der Handlung oder der Umwelt „verschmolzen" ist. Dies hieße gleichfalls, dass die Abstraktion *Subjekt* keine adäquate Beschreibung mehr darstellte. Wird die Deutung, dass das Subjekt mit der Handlung oder der Umwelt eine Einheit gebildet hat, angenommen, so wäre diese Einheit zweifelsfrei zu „groß" und ungewohnt, als dass sie eingeordnet werden könnte. Ein weiterer Indikator für diese Form der Subjekttranszendenz, ist in der veränderten oder modifizierten Körperwahrnehmung zu finden. Hinweise sind bei einem der Befragten in folgendem Abschnitt zu finden:

```
Interview 3.1:
```

77I oke - ähmm - wie fühlst du dich jetzt - nach dem
78 sprung?

79B (1,5) äh fff todol erleichtert irgndwie todol - ja
80 (1) frei irgendwie - weiß a nit so wie wendst nochm
81 masseur kommst eigendlich {lacht} irgendwie weiß a
82 net - des is echt (2,5) aso

Selbst retrospektiv fällt es dem Interviewten schwer, die Gefühle und Rezeptionen zu beschreiben und einzuordnen. Sowohl der Hinweis auf das „frei sein" (Zeile 80), welcher gleichwohl als Hinweis auf modifizierte Subjektgrenzen zu deuten ist, als auch der Hinweis auf den Körper, der sich so anfühlt, als käme dieser soeben vom Masseur (Zeile 80f), lassen sich in diese Richtung interpretieren. Der massierte Körper ist entspannt, er unterliegt weniger Beschränkungen und fühlt sich weniger eingeengt. Dieses Muster ist ebenfalls ein Anzeichen für die verschwommenen Grenzen des Selbst.
Diese Art der Deutung wird in folgendem Abschnitt plausibel:

Interview 4.1:
21I oke und also du hast an nichts gedacht

22B {nee goa nit}

23I wie war de wie wars mit deiner konzentration?
[...]
30B ich wollt die augen unbedingt offenlassen weil
31 [stockt] man [stockt] m wenn in solche situatione
32 mochma vielleicht kurz a mol die augen zu - wollt
33 ich gor net - und ja - ich hob eigndlich gor nix
34 gedocht ich hob äom natürlich (2) körper - spannung
35 (1,5) knie durchstrecken also des schon aber so etzt
36 an gar nix anderes - un des war sehr (.5) entspan -
37 nend (1,5) trotz alledem und sehr - joaa - wie soll
38 i song (2,5) ä [stockt] war super erfahrung

40I wie ähm - wie wars mit deiner wahrnehmung? was hast
41 du wahrgenommen während des sprungs selbst?

43B irgendwel [stockt] (1) eignlich gor nix - also ich
44 hob nur - [lacht] wahrgnommen - als ich gschrien hob
45 dass unten alle glocht hom - {I: lach} des hab ich
46 wohrgnommen und des wasser - olso ich hob eigndlich
47 immer nur s wasser gsehn -

48I {mhm}

49B aber sonst eigndlich an gor nix - anderes docht

51I wie wars - mit deinem körper hast du den gesppürt? -
52 oder?

53B {ne} - des woar [lach] des woa irgndwie ä ganz
54 komisch [verschluckt] gor net überhaupt net (1) des
55 woar - des woar toll [sehr bedacht] aber - so also
56 vom - mir wor net kolt mir wor net worm mir wor(.5)
57 goar nix, [lach] des woar irgndwei [stockt] des wor
58 - einfach toll

Offensichtlich zeigt sich hier die scheinbar paradoxe Kombination aus „nichts wahrnehmen“, „nichts denken“ (Zeile 22, 33f, 43, 49) und dem in der Wahrnehmung vorhandenen Wasser (Zeile 46f). Dies kann als Hinweis gedeutet werden, dass sich eine Einheit zwischen Subjekt und Umwelt gebildet haben könnte. Jene Auslegung des Sachverhalts lässt erneut auf eine Form des transzendenten Subjekts schließen: Die Identität mit der Umwelt erzeugt eine mächtige, möglicherweise übergeordnete Einheit oder Entität, die für den Geist, der dies nicht gewöhnt ist, nicht fassbar ist. Stockende und unsichere Beschreibungen der Situation münden – in allen diesen Fällen; hier Zeile 43-47 – in der Wahrnehmung des Wassers. Nicht zu vernachlässigen ist selbstredend der Umstand, dass Menschen, die kopfvoraus einer Wasseroberfläche entgegenstürzen und dies darüber hinaus nicht gewohnt sind, vermutlich ihre Aufmerksamkeit dorthin fokussieren. Dennoch erlangt das Wasser in der Kombination mit den anderen Wahrnehmungen – sowohl die der Umwelt als auch die des Körpers – eine besondere Bedeutung, da es exklusiv zu sein scheint. Hätte es Angst gegeben, so wäre diese vermutlich geäußert worden. Dies spräche für eine die Sonderstellung des Wassers in diesem Kontext, da es Objekt der Gefahr wäre. Jedoch erlangt das Wasser seinen besonderen Status in der Wahrnehmung der Erstspringer weder durch Angst, noch durch irgendetwas anderes, das erwähnt worden wäre. Es liegt demzufolge nahe, eine Einheit des Selbst mit der Umwelt anzunehmen und das Wasser als Repräsentant dieser Einheit zu betrachten.

Ähnlich wie bei der Befragten jungen Frau aus dem Interview 2.1 gibt es auch hier eine „störende“ Komponente, die nicht unerwähnt bleiben sollte. Während des Sprunges unterlag die situationsgesteuerte Wahrnehmung der Springerin dem Einfluss lachender Zuschauer. Dieses Lachen wurde durch Schreie seitens der Springerin hervorgerufen. Diese „Störung“ ist jedoch keine solche, da sich die Befragte trotz dieser Interruption in einem Modus zu befinden schien, in dem sie dies nahezu ignorierte[133]. Diese Situation wurde weder besonders emotional affektiert geschildert, noch beziehen sich hierauffolgende Beschreibungen auf diese „Störung". Zwar schien diese Situation erwähnenswert, jedoch nicht über die Maßen wichtig zu sein. Erwähnenswert ist diese Situation zum einen, da sie stattgefunden hat und zum anderen verweist sie implizit auf einen Zustand des Subjekts, in dem spezifische Prioritäten verlagert worden sind und die Grenzen desselben nach außen transzendiert sind. Diese Annahme führt zu der Ergründung, warum die Störung für das Subjekt nicht besonders bedeutend schien, da das Subjekt keine eindeutige Trennung zu seiner Umwelt herzustellen vermochte.

In dem zitierten Abschnitt lassen sich weitere Indizien finden, die in dieser Richtung zu deuten sind. Es zeigt sich eine veränderte Körperwahrnehmung (Zeile 53-57). Die Schnittstelle des Körpers zu seiner Umwelt kann als Indikator für die Grenze des Subjekts betrachtet werden. Hieraus folgt, dass jede Subjektidentifikation, die nicht auf abstrakte Gruppen rekurriert, sich augenscheinlich am eigenen Körper orientiert. Die Wahrnehmung des Körpers ist in der oben stehenden Beschreibung minimiert oder sogar brachliegend. Wenn demzufolge eine Art Subjekttranszendenz angenommen wird, haben die an den Körper gekoppelten Grenzen keine Bedeutung mehr für das erlebende Subjekt, da es sich in einem Zustand befindet, in welchem die außergewöhnliche Qualität seine Wirkung entfaltet.

Das Subjekt grenzt sich in seinem Identifikationsprozess von seiner Umwelt ab[134]. Im hier identifizierten transzendenten Zustand jedoch, ist die Wahrnehmung des Selbst in den Hintergrund gerückt und die Grenzen des Subjekts verschwimmen, sodass das Individuum mit seiner Umwelt oder seiner Handlung zu einer Einheit verschmilzt. Das Erlebnis fördert und fordert das Transzendieren der Subjektgrenzen, denn nur auf diese Weise geht das Individuum in der Situation, in der Handlung und letztlich in dem Erlebnis vollständig auf.

2.2.3 Wahrnehmung und Zeit

Sowohl den angeführten, als auch weiteren Passagen ist eine weitere und besondere Charakteristik zu entnehmen, die die besondere Form der Wahrnehmung während des Erlebnisses eines Bungee-Sprungs beschreibt. Zusammenfassend ist den vorhergegangenen Ausführungen zu entnehmen, dass die Wahrnehmung auf einen Zustand gerichtet ist, in dem das Subjekt in einem besonderen Verhältnis zu seiner Umwelt steht, in dem die Grenzen des Subjekts nach außen zu verschwimmen scheinen.

---

133 An späterer Stelle werden die Gründe noch genauer diskutiert werden.

134 Vgl. Kapitel 3.4 und 3.5.

Aufgezeigt wurde, dass die Wahrnehmung entweder auf einem modifizierten Körpergefühl (Subjekttranszendenz) oder auf der Einheit von Subjekt und Umwelt ruht. Das Wasser kann hier als Repräsentant dieser Einheit gedeutet werden.
Diese Hinweise stehen jedoch keineswegs für sich alleine, darüber hinaus findet sich in den Daten ein limitierendes Momentum, das die Wahrnehmung des Subjekts ausrichtet, limitiert und modifiziert. Um diesen Sachverhalt zu beleuchten, sollen nun die „störenden" und ablenkenden Faktoren ins Zentrum der Betrachtung gerückt werden. Im Interview 2.1 wurde ein Rudererttrainer erwähnt: „wahrgenommen hab ich ... nur die Stimmung, des war ... von dem Trainer, von den Ruderern"[135]. Es soll davon ausgegangen werden, dass mit „Stimmung" (Zeile 41) tatsächlich Stimmen oder Stimme gemeint war, da diese Stimmen zum einen tatsächlich hörbar waren und zum anderen die Propositionen des Satzes mit dieser Annahme kohärenter sind. Das Wort „Stimmung" könnte lediglich bei abweichendem Verlauf des Gesprochenen angenommen werden.
In dieser Passage ist erkennbar, dass die Wahrnehmung der Befragten in einer speziellen Weise fokussiert war, und zwar in der Art, dass die fokussierte Wahrnehmung durch den störenden Faktor rufender Stimmen temporär aufgelöst wurde und sich eben diese Stimmen den Weg ins Bewusstsein bahnten. Diese Deutung scheint plausibel, da einige andere Objekte – wie applaudierende Zuschauer – für die Sinne ebenfalls hätten wahrnehmbar sein können, von der Springerin jedoch unbeachtet blieben. Der laute und herausstechende Ruf des Trainers der Ruderer, unterbrach demzufolge für einen kurzen Moment die auf dem transzendenten Subjekt ruhende Aufmerksamkeit. Diese stabilisierte sich jedoch unmittelbar nach dieser Interruption wieder in der limitierten und fokussierten Wahrnehmung. Denn wahrgenommen hat die Springerin in unmittelbarem Anschluss: „eigentlich sonst nur so des Wa<u>sser</u>, die <u>Farbe</u> – und – mehr eigentlich nicht"[136].
Ebenfalls die Befragte aus dem Interview 4 unterlag (wie oben geschildert) einer „Störung" (Zeile 43-46), sie beschreibt, wie „unten alle <u>glocht hom</u>" als sie schrie. Dennoch ist die Schilderung der Beeinträchtigung nicht in besonderem Maße hervorgehoben und das obwohl sich das Individuum hätte angegriffen fühlen können, da es eine solche Reaktion bei seiner Umwelt hervorgerufen hat. Die Einordnung des Sachverhalts geschieht nahezu beiläufig und wird schon im darauf folgenden Nebensatz übergangen: „und des <u>wasser</u> - olso ich hob eigndlich immer nur s <u>wasser gseh</u>n -"[137]. Dass die Reaktion der Umwelt keinen nennenswerten Einfluss auf das Subjekt hat könnte dem Umstand geschuldet sein, dass das Subjekt transzendent ist.

---

135 Interview 2.1, Zeile 41ff.
136 Interview 2.1, Zeile 43ff.
137 Interview 4.1, Zeile 46f.

Das „Ich" nimmt keine besondere Rolle mehr ein und daher werden persönliche Bezugnahmen der Umwelt ebenfalls belanglos. Darüber hinaus scheint die Fokussierung oder das limitierende Moment die Aufmerksamkeit unmittelbar nach dieser Unstetigkeit wieder in den Eigenschaften, die ein solches Erlebnis mit sich zu bringen scheint, zu verankern.[138]
Innerhalb dieser Wahrnehmungsmuster ist die Zeit ein Indiz und ein Repräsentant für modifizierte Wahrnehmung; sie ist für soziale Wesen geradezu ein objektiviertes Faktum, an das wir uns permanent anpassen und mit dem wir uns synchronisieren. Lediglich in Ausnahmezuständen[139] wie Träumen oder extatischen Kontexten kommt es zu einer Korrosion dieser „objektivierten Zeit". In solchen Fällen divergieren entweder die erlebte und die objektiv verstrichene Zeit oder die Wahrnehmung der Zeit verschwindet sogar zur Gänze.

```
Interview 2.1:
I    ähm - was glaubst du wie lange der sprung gedauert
     hat?

B    insgesamt? also - nur der fall? (3) [pffff] weiss
     ich nicht - es hat sich angef - der fall vielleicht
     so drei sekunden? [fragend]

I    hat sichs auch so angefühlt?

B    ja angefühlt nich -

I    wie hat sichs denn angefühlt?

B    hat sich schon länger angefühlt - wie - keine ahnung
     (2) locker ne mi - jaa - ja sagen wir mal ne halbe
     minute vielleicht sowas

I    okee - also aber du hast schon zeit auch
     wahrgenommen?

B    ja des auf jeden fall - aber nicht wirklich so
     richtig greifbar im endeffekt weil du einfach nich
     an die zeit denkst grade irgendwie wie viel
     verstreicht natürlich (.5) sondern koomplett
     eigentlich nur di dieses gefühl einfach erlebst wie
```

138 Scham könnte ebenfalls der Grund sein, wieso die Befragte nicht näher darauf einging.

139 Vgl. hierzu die Ausführungen über außergewöhnliche Bewusstseinszustände in Kapitel 5.2.

du fällst un (1) [krangeräusch setzt ein] es fühlt
sich schon an n bisschen wie ewig - aber trotzdem is
halt noch - ja - der verstand noch so dabei und du
weisst es is jetzt einfach schnell gegangen un - ja

Die Einordnung des Wahrgenommenen in eine objektive Zeitkategorie (Zeile 53-55) ist für die Befragte nahezu unmöglich[140]. Sie schätzt den Sprung schlussendlich auf drei Sekunden, womit sie nicht allzuweit neben der Realität gelandet ist[141]. Die erlebte oder innere Zeit (Zeile 57, 59-61) jedoch unterscheidet sich deutlich von der objektiv verstrichenen Zeit[142] und auch von der subjektiv geschätzten, objektiv verstrichenen Zeit. Die erlebte Zeit in objektive Zeitkategorien einzuordnen scheint keine leichte Aufgabe zu sein, so enthält die Schilderung den Ansatz von einer Minute (Zeile 60), dieser wird jedoch halbiert, so dass die geschätzte und gefühlte Zeit bei einer halben Minute liegt. Die Zeitwahrnehmung ist demzufolge nicht lediglich modifiziert, sondern schon so abstrakt, dass sie nicht mehr vorhanden zu sein scheint. Diese Deutung wird im darauf folgenden Abschnitt (Zeile 64-72) verdeutlicht: die Befragte erläutert, dass ihr Zeitgefühl als Ganzes in den Hintergrund gerückt worden sei, sie die Zeit sozusagen nicht gespürt habe, lediglich das Fallen habe sie erlebt. Der Augenblick transformiert sich in dieser Beschreibung zum „Ewigen" (Zeile 70), das hier als

---

[140] Vgl. hierzu den Ende des Abschnittes (Zeile 71f), in diesem wird dann geäußert, dass es jetzt einfach schnell gegangen sei.

[141] Bei 50 Metern beträgt die Zeit des freien Falls circa eine Sekunde, bevor sich das Gummiseil zu spannen beginnt und den Fall abbremst.

[142] Mit Zeit und speziell objektiver Zeit soll hier die Definition spezifischer periodischer Vorgänge gemeint sein. Diese Vorgänge sind unabhängig von subjektivem Empfinden und Subjekten selbst. Die Rotation der Erde wurde als Bezugspunkt gewählt und in gleichmäßige Perioden Unterteilt. Hierbei reicht die Spezifizierung einer Periode. Die Definition einer Sekunde basiert auf einer Caesium-Uhr, die den Zerfall eines Caesium Atoms misst. Eine Sekunde ist demnach die Zeit, „in der die Caesium-Uhr 9 192 631 770 Schwingungen ausführt."
Vgl. Heintze, Joachim; Bock, Peter (Hg.): Lehrbuch zur Experimentalphysik. Band 1: Mechanik. Berlin, Heidelberg 2014, S. 7ff.
An diesen Definitionen orientiert sich die Gesellschaft, um zeitliche Konvergenzen zu ermöglichen. Die soziale Synchronisation von Geschehensabläufen wird von Norbert Elias in „Über die Zeit" geschildert. Für ihn steht die Synthese von sich zeitlich unterscheidenden und unterschiedlichen Geschehensabläufen im Zentrum. „Die >>Zeit<< [ist] als begriffliches Symbol für eine allmählich fortschreitende Synthese, für ein ziemlich komplexes In-Beziehung-Setzen zwischen verschiedenartigen Geschehensabläufen [zu betrachten]" (Elias: 14)
Vgl. Elias, Norbert: Über die Zeit. Arbeiten zur Wissenssoziologie II. Baden-Baden 1984, S. VIII, XXXIX, 8, 14 u.a.

Gegenstück zum eigentlich erlebten Moment betrachtet werden kann. Das „Ewige" ist eine Kategorie, die hier zu Hilfe genommen wird um den qualitativen Augenblick des Erlebnisses oder besser die außergewöhnliche Qualität[143] einzuordnen. Es liegt nahe anzunehmen, dass es nur so für die Befragte überhaupt möglich war, eine Kategorie zu finden, in die das Wahrgenommene und Erlebte einzuordnen war.

```
Interview 3.1:
49    I: oke was glaubst du wie lang der sprung gedauert
50    hat?

51B   [lach] net lang {lachend} [undeutlich] [?des war
52    gefühlt?] vielleicht - 10 Sekunden oda was do
53    neddamol -

54I   oke w [stockt] hast du - des hat sich des für dich
55    auch so angefühlt? oder gibts da n unterschied hmein
56    du weißt ja ungefähr w wie lang sowas gehen könnte

58B   {jaja - genau jaa}
```

Ähnlich erging es diesem Befragten bei der Einordnung und der Schilderung des Zeitempfindens. In einer weiter oben zitierten Stelle desselben Interviews (Interview 3.1, Zeile 46-48) wird das Erlebte als „Kurzer Moment" und „Sekunden" beschrieben. Darauf folgend (ab Zeile 49) versucht der Interviewte die „gefühlte" Zeit zu präzisieren, ist sich jedoch hierbei sehr unsicher. Es scheint schwierig, eine Erlebniseinheit in eine abstrakte und objektive Zeitkategorie einzuordnen. Zumindest wäre das eine Erklärung für die umgehende Revision des Gesagten: „zehn Sekunden oda was do neddamol -"[144]. Hierauf folgte eine Nachfrage[145], die vom Befragten nur mit Schwierigkeiten zu beantworten war. Die einzige zeitbezogene Aussage, die sich finden lässt, ist, dass er sich das Gefühl von „freilosigkeit"[146] länger vorgestellt hätte (Zeile 62f). Ansonsten äußert der Befragte lediglich einige Interjektionen und den Verweis darauf, dass er noch völlig außer sich sei (Zeile 63) und so lässt er schließlich die Antwort auf sich beruhen. Dieser Umstand deutet ebenfalls auf ein stillgelegtes Zeitempfinden hin, da zum einen keine adäquate Kategorie gefunden werden kann[147]

---

143 Im Folgenden soll nun davon ausgegangen werden, dass Erlebnisse prinzipiell diese außergewöhnliche Qualität und die dazugehörigen Komponenten in sich tragen.

144 Interview 3.1, Zeile 52f.

145 Weiter oben angeführt, Interview 3.1, Zeile 54-63.

146 Wie erläutert, vermutlich eine Kombination aus Freiheit und Schwerelosigkeit.

147 Dies soll ganz allgemein gedeutet werden: Die Zeitstruktur von *Erlebnissen* kann nicht in eine alltägliche Zeitkategorie eingeordnet werden.

und zum anderen der Befragte offensichtlich nicht weiter darüber sprechen möchte oder möglicherweise hierzu nichts mehr zu sagen hat. Drastischer äußert sich diese Schwierigkeit in folgendem Interview:

```
Interview 4.1:
59I   oke - äm was glaubst du wielang der sprung gedauert
60    hat?

61B   keine Ahnung (1,5) [lacht]

62I   hattest du - wie gings dir so mit der mit der zeit?
63    wie hast du dich zeitlich?

64B   {also - ich - ja} ja also ich hob es gfühl ghobt äm
65    die fahrt nach obn dauert eewig - ewig - und dann
66    der - sprung - nach untern (.5) war eigendlich
67    schnöa [stockt] also des war eigndlich alles
68    schnöll vorbei (3) {ja [lach]}
```

Wie lange der Sprung de facto gedauert hat, vermag diese Befragte gar nicht zu schätzen (Zeile 59-61); der Transport zur Absprungplattform hingegen schien ihr „ewig" zu sein (Zeile 65). Dies lässt sich vermutlich auf die Spannung, die Höhe und die generelle Erwartung zurückführen. Die Schilderung der Zeit während des Sprunges selbst bewegt sich hingegen in einer flexiblen Kategorie: „des war eigentlich alles schnell vorbei" (Zeile 66ff). „Schnell vorbei" ist äußerst relativ, da der tatsächliche Zeitraum, der sich hinter „schnell" verbirgt, subjektiver Auslegung unterliegt. Die Zeitstruktur ist auch in diesem Fall auf ganzer Linie sekundär und kein Bestandteil des Bewusstseins mehr.

Hieraus lässt sich nun ein Schema abstrahieren, das es erlaubt die Wahrnehmung während eines solchen Erlebnisses zu beschreiben, zu definieren und zu kategorisieren.[148] Das Subjekt ist während des Erlebens einer vollkommenen psychischen und physischen Partizipation unterworfen. Aus diesem Grunde werden „unbeteiligte" und alltägliche Strukturen und Gedanken verdrängt. Das Schema lässt sich unter Fokussierung subsumieren. Hiermit soll eine *gerichtete*, *limitierte* und *modifizierte* Wahrnehmung gemeint sein. *Gerichtet* ist Aufmerksamkeit auf das Stimulusfeld der Subjekttranszendenz. *Limitiert* ist die Wahrnehmung, da diese Rezeption im Fokus des Bewusstseins steht und modifiziert ist, zumindest retrospektiv, das Erleben der Zeit, da dieses entweder stark verzerrt und nicht kategorisierbar ist oder gar nicht vorhanden zu sein scheint.

148 Vgl. Kapitel 3.5.

Wenn die Zeit und ihre Wahrnehmungsformen nicht nur modifiziert, sondern im Erleben stillgelegt sind, ist dies als Hinweis darauf zu verstehen, dass erlebende Subjekte keine Zeitlichkeit mehr wahrnehmen.

2.3 Routine im Vergleich

In den bisher angeführten Passagen wurde gezeigt, dass es spezifische Konstituenten für ein zugrunde liegendes Phänomen zu geben scheint. Um zu verdeutlichen, welchen Charakter dieses Phänomen in sich trägt, wird ein Vergleich mit einem Interview eines erfahrenen und routinierten Springers durchgeführt. Hierfür ist es notwendig, einige Begriffe zu erläutern und zu definieren. Zum einen soll hier das *Skript* zur Anwendung kommen. Skripte[149] sind generische Wissenstypen, die komplexe Ereignisstrukturen repräsentieren. Hierbei ist ein Ereignis in einer relativ statischen Sequenz von Einzelaktionen verkörpert. Skripte bilden sich bei typischer Wiederholung und verfestigen sich in den Denkstrukturen. Zum anderen ist der von Jean Piaget geprägte Begriff der *Akkommodation* hilfreich, um die Äußerungen des Vielspringers einem gesteigerten Verständnis zuzuführen. Akkommodation ist Teil des Prozesses der Äquilibration, der Anpassung eines Organismus an seine Umwelt. Hiermit ist der Ausgleich einer Spannung[150] durch Assimilation und Akkommodation gemeint.[151] „Assimilation meint hierbei die Anpassung eines Reizes an ein vorhandenes kognitives Schema, wohingegen Akkommodation einen Reiz in ein neues Schema einbindet"[152].

2.3.1 Der Antagonist des Außergewöhnlichen

Für den Vergleich ist es von beachtlicher Bedeutung, dass der Befragte schon etliche Bungee-Sprünge hinter sich gebracht hat und darüber hinaus schon diverse Erfahrungen mit ähnlich „extremen" Aktivitäten machen konnte.

```
Interview 1:
15B  äh ich hab noch houserunning gemacht und baseflying
16   (1) beim houserunning läuft ma ne Wand ähmim
```

149 Vgl. Strube, Gerhard (Hg); u.a.: Wörterbuch der Kognitionswissenschaft (Digitale Ausgabe). Klett-Cotta 2001. Artikel: Skript (script).

150 Vgl. Piaget, Jean: Nachahmung, Spiel und Traum. Die Entwicklung der Symbolfunktion beim Kinde. Stuttgart 1996, S. 117ff.

151 Vgl. Geserer, Anselm: Spiel im Zentrum des Kindes. Die Emanzipation des Spielobjekts – Playmobil®. In: Köpper, Hannah (Hg.); Szabo, Sacha (Hg.): Playmobil® durchleuchtet. Wissenschaftliche Analysen und Diagnosen des weltbekannten Spielzeugs. Marburg 2014, S. 21.

152 Geserer, Anselm: Spiel im Zentrum des Kindes, S. 21.

```
17    facedown runter (1) und ähm da is eben der der
18    gribbelnde Moment wenn man sich über diese kante
19    kippen lässt in die 90 Grad äh und dann is das wie n
20    normales abseilen (1) und baseflying äh is die
21    schnellste personabseilwinde deutschlands ähm (2)
22    wird mitten von berlin runtergeflogen und ä (1) ja
23    das issen extremer kick weil man hängt da 120 Meter
24    hoch und dann wird aufn Knopf gedrückt und dann ä
25    (1) wirst du da (1) äh sehr realistisch schnell
26    abgeseilt
```

Es ist anzunehmen, dass die Gesamtwahrnehmung solcher Aktivitäten mit der Häufigkeit der Ausübung und der Unterschiedlichkeit der Sportarten in direktem Zusammenhang stehen, dennoch sind in erster Linie für diesen Kontext die Schilderungen über Bungee essentiell, da ebendiese einen Vergleich ermöglichen.
Bungee wurde vom Befragten gleich zu Beginn thematisiert, hierbei wurden unmittelbar beachtenswerte Punkte angesprochen:

```
Interview 1:
1I    kannst du mir bitte allgemein von deinen erfahrungen
2     und erlebnissen mit extremsport erzählen und
3     aktivitäten die dich fesseln?

4B    also bungee is natürlich ne ne extreme
5     herausvorderung immer äh den den sprung zu wagen und
6     ä die höhe spielt da natürlich au ne große rolle
7     [undeutlich] natürlich ä (2) äh immerer sehr viel
8     spaß (1) man äh dann feddich is (lach) aber wenn man
9     äh hochfährt dann hat man dieses leichte gribbeln im
10    bauch und dis is eigntlich immer der der aufregende
11    Moment der verschwindet nie (1) also wird nie
12    Routine
```

Bungee scheint insofern einen besonderen Stellenwert zu besitzen, als dass das „Besondere“ nicht verloren geht, es demzufolge potentiell dazu geeignet ist, die angesprochene außergewöhnliche Qualität bereitzustellen. Kategorien und Prozeduralisierungen erleichtern und bestimmen den Alltag. So ist der Umstand, dass das „Gribbeln“ (Zeile 9) nie verschwindet und die „Routine“ (Zeile 12) nie die Oberhand gewinnt, derart zu deuten, dass es nicht möglich ist, für diese Aktivität Kategorien und statische Handlungsmuster auszubilden. Hinzu kommt, dass jeder Bungee-Sprung für den Interviewten neue Überwindung kostet: „also bungee is natürlich ne ne extreme herausvorderung immer äh den den sprung zu wagen“[153]. Dies deutet zunächst ebenfalls auf jene außergewöhnliche und außeralltagliche Qualität hin, die im *Erlebnis* verankert scheint.

```
Interview 1:
27I   okay cool danke äh kannst du mir jetzt von diesem
28    sprung speziell berichten?

29B   (1) äh der sprung war (2) heute mein zweiter sprung
30    und ich äh hab natürlich au wieder dieses gribbeln
31    im bauch gespürt (2) und äh genau dann bin ich - hab
32    mich normal kippen lassen ä wie mans ja
33    normalerweise macht und (1) ja (2)

34I   hat dich irgendwie was besonderes beschäftigt?

36B   nee - in dem moment is man einfach nur so fixiert
37    auf den auf den sprung äh dass man eben die
38    körperspannung wart - dass man ä grade kippt und das
39    man eben auch aufpasst wenn man dem wasser näher
40    kommt - dass man eben die augen schließt und ver
41    sucht das wasser zu brechen was in meinem (.5) fall
42    jetzt nicht der fall war ich hab vor dem Wasser
43    gestoppt (.5) aber das war sehr cool ja

44I   wie is äm sonst so deine wahrnehmung?

45B   (1) äh in wie fern?

46I   ähm was nimmst du wahr wenn du da runterspringst?

48B   äh ich nehm gar nichts wahr ich (1) flieg runnter
49    ich (1,5) m merke den Wind der mir entgegen kommt
50    ähm (1) merke diese extreme beschleunigung auf den
51    Körper (2) und (1) genau da wenn ich eintauche spür
52    ich natürlich auch des wasser
```

Die Beschreibung zu Beginn (Zeile 29-33) unterscheidet sich in vielerlei Hinsicht, von den Beschreibungen der „Erstspringer“. Diesem Abschnitt wohnt ein besonderer Stellenwert inne, da er in erster Linie das repräsentiert, was dem Interviewten an diesem Sprung charakteristisch und berichtenswert erschien. Auffällig ist die ablauforientierte und nahezu mechanische Beschreibung, die unmittelbar beim eigentlichen

153 Interview 1, Zeile 4f.

Höhepunkt versiegt (Zeile 33). Diese Verlaufsmechanik deutet auf ein Skript hin, das sich durch Wiederholung und Gewöhnung gebildet haben könnte. In diesem könnte der Verlauf in der Art festgelegt sein, dass die letzte Sequenz das *Erlebnis* in sich trägt. Der übergeordnete Rahmen jedoch wurde in den Alltag eingegliedert, der Gesamtreiz oder besser, der Ablauf in seiner Gänze ist demnach akkommodiert worden. Die Beschreibung über den Sprung selbst (Zeile 36-44), bezieht sich ebenfalls auf Verlaufspunkte, die jedoch in diesem Fall die letzte Position im „Metaskript" betreffen. Der Befragte ist „fixiert auf den [...] Sprung"[154], hierbei wird an erster Stelle Körperspannung aufgebaut (Zeile 38), darauffolgend sollte das „Kippen" über die Plattform gerade ablaufen (Zeile 38), anschließend sollte auf das Wasser geachtet und dementsprechend das Verhalten angepasst werden (Zeile 39ff) und zu guter Letzt findet sich eine Art variable Sequenz innerhalb des Skripts für die eingetroffene Situation, die dem Verhalten entspricht (Zeile 42f): so hat der Springer „versucht das Wasser zu brechen, was in [...] [seinem] Fall jetzt nicht der Fall war, [...] [er hat] vor dem Wasser gestoppt"[155]. Erneut ist die Beschreibung des Sprunges durch und durch ablauforientiert und folglich kategorisiert. Erst im letzten Nebensatz wird das Gefühl des Sprunges mit einem Wort angedeutet: „aber das war sehr cool, ja"[156]. Durchaus plausibel erschiene es, beschriebe der Befragte das Gefühl während Sprunges mit einigen Worthülsen oder neu gebildeten Kategorien, dies ist jedoch nicht der Fall, stattdessen verwendet der Interviewte ein Wort, dessen Konnotationen eher „ruhig", „gelassen" aber dennoch positiv sind. Dieser Umstand deutet darauf hin, dass die außergewöhnliche Qualität weiterhin innerhalb des Bungee-Sprunges existiert, jedoch in eine erzeugte Kategorie akkommodiert wurde. Hieraus ginge ebenfalls hervor, warum die Beschreibungen für den Kategorieninhalt so schwer fallen, da es sich hierbei um eben jene außergewöhnliche Qualität handelt und diese ist, wie schon erläutert wurde, nahezu nicht mit alltäglichen Symbolen oder Kategorien zu beschreiben.

2.3.2 Subjekt und Umwelt in der Routine

Die Nachfrage, die auf die Wahrnehmung des Befragten gerichtet ist, muss zum Verständnis erst einmal spezifiziert werden (Zeile 44-46), der Springer kann demzufolge im ersten Moment nicht einordnen, worauf die Frage abzielt. Das kann zum einen bedeuten, dass die Frage nicht verstanden worden ist oder zum anderen könnte dies als Hinweis darauf verstanden werden, dass die Wahrnehmung während des Sprunges ebenfalls in die Kategorie „Sprung" innerhalb des Skripts eingeordnet wurde und

154 Interview 1, Zeile, 36f.
155 Interview 1, Zeile 41ff.
156 Interview 1, Zeile 43.

insofern lediglich eine „Metaverarbeitung" stattgefunden hat. Der Interviewte besinnt sich und beschreibt seine Wahrnehmung während des Sprunges (Zeile 48-52). In diesem Fall sind es ebenso primär „äußerliche" Dinge, die angesprochen werden und darüber hinaus weisen diese gleichfalls den gleichen sequenziellen Charakter auf. Zu Beginn steht die Schwierigkeit der Beschreibung von etwas, das kategorielos zu sein scheint: „ich nehm gar nichts wahr"[157], hiernach folgt das Hinunterfliegen, woraufhin der Wind spürbar wird; darauffolgend und vermutlich auch aus diesem Grunde wird die Beschleunigung auf den Körper spürbar und zu guter Letzt (in der variablen Sequenz des Skripts) kommt das Wasser ins Spiel, wenn der Springer in dieses eintaucht. Dass der Befragte zwar beschreibt, dass das Eintauchen ins Wasser zum Gefühl des Springens gehört, sich dies jedoch wenige Minuten zuvor (beim Sprung selbst) nicht ereignet hat, kann als weiteres Indiz für eine Form der Skript-Kategorie-Genese gedeutet werden.

Die Wahrnehmung desjenigen, der es gewohnt ist, Bungee zu springen, unterscheidet sich maßgeblich von der der Erstspringer. Die Wahrnehmungsstruktur wirkt relativ geordnet, wohingegen die der anderen Springer freier, direkter und ungeordneter erscheint; diese Differenz kann als äquivalente Differenz, die zwischen Alltag und *Erlebnis* oder besser zwischen Alltag und der außergewöhnlichen Qualität zu finden ist, gedeutet werden. Dies hieße gleichwohl, dass diese außergewöhnliche Qualität beim erfahrenen Springer in den Hintergrund getreten ist.

Die Subjekttranszendenz ist einer der Charakteristiken, die auf das zugrunde liegende Phänomen des *Erlebnisses* hindeuten; demnach soll untersucht werden, ob dieses *Erlebnis* beim Vielspringer während des Sprungs zu finden ist. Ein starkes Indiz war bei den anderen Befragten, die Wahrnehmung des Wassers, das die Einheit mit der Umwelt verkörperte. Auch bei diesem Befragten spielte das Wasser ein Rolle, jedoch in einem abweichenden Kontext (Zeile 39ff, 52). In diesem Fall bleibt das Wasser für das Individuum ein Objekt, der Springer achtet auf das Wasser, falls er ihm nahe kommt, um die Oberfläche in einem solchen Fall zu brechen. Die Antwort ist an dieser Stelle nicht aufzufinden, Hinweise finden sich jedoch an späterer Stelle:

```
Interview 1:
83I   wie ist sonst so dein gefühl zum körper während des
84    sprungs - also wenn jetzt des - also ja

85B   ähh (.5) ja man merkt diese diese beschleunigung ä
86    diese diese kraftwirkung äwenn du wenn du abbremst
87    und ä dann auch wieder diese schwerelosigkeit wenn
88    du im rebound oben stehst und bist wieder aufm
89    nullpunkt ähm des is n cooles erlebnis genau und
```

[157] Interview 1, Zeile 48.

```
dann am schluss spürt man natürlich wie
beinmanschetten sich äh enger um deinen beine
schließen genau
```

Bis auf wenige Ausnahmen deuten die Beschreibungen auf Äußerlichkeiten, demnach auf Dinge, die auf das Subjekt einwirken, beziehungsweise dem Subjekt entgegengeworfen[158] sind. Zu Beginn steht die Beschleunigung (Zeile 85), hierauf folgt die Kraftwirkung des Abbremsens (Zeile 86), dann die Schwerelosigkeit (Zeile 87), die möglicherweise eine Ausnahme in diesem Kontext verkörpert und schlussendlich die Beinmanschetten (Zeile 91), die in ihrer haltenden Funktion auf das Subjekt einwirken. Ausgangspunkt um nach einer Form der Transzendenz zu suchen, scheint hier die Schwerelosigkeit zu sein. Die Restriktionen der Gravitation sind in der Schwerelosigkeit aufgehoben, durch das Ausbleiben der Einschränkung, die die Schwerkraft auf den menschlichen Körper hat, scheint der Körper „frei" zu sein. Wenn die Umwelt keine Einschränkung oder Einwirkung dieser Art auf den Körper hat, könnte jene Umwelt auch nicht mehr als entgegengeworfenes Objekt betrachtet werden. Dennoch deutet der Rahmen, in welchem die Schwerelosigkeit zur Sprache gebracht wird, in eine andere Richtung. Der Kontext steht unter dem Leitsatz der mechanischen Kräfte, die auf das Subjekt einwirken: Beschleunigung, Trägheit, Beinmanschetten, die sich zuziehen und die Schwerelosigkeit. In diesem Kontext ist die Schwerelosigkeit genau diesem Zusammenhang zuzuordnen; die Schwerelosigkeit wird als ein temporärer Nullpunkt (Zeile 89) natürlicher Kräfte wahrgenommen. Ebendieser Umstand, die Umwelt als Entgegengeworfenes und Einwirkendes wahrzunehmen, ist ein kein Anhaltspunkt für verschwommene Grenzen des Individuums, sondern verweist auf eine statische Subjektidentifikation, die sich selbiger Grenzen bedient. An anderen Stellen des Interviews lassen sich ebenfalls keine Hinweise finden, die auf Transzendenz hinweisen; dieser Abschnitt wurde deswegen ausgewählt, da die entsprechenden Stellen in den anderen Interviews, Indizien, die auf Transzendenz hindeuten, hervorbringen.

2.3.3 Wahrnehmung und Zeitstruktur in der Routine

Schlussendlich lässt sich aus den Interviews der Erstspringer eine Charakteristik extrapolieren, die Fokussierung genannt wurde. Diese beschreibt eine Wahrnehmungsverlagerung und -fokussierung und eine Modifikation spezifischer Wahrnehmungsstrukturen. Innerhalb dieses Analysekonzepts ist bezüglich der Modifikation insbesondere die Zeitstruktur hervorgetreten. Die Wahrnehmung, so wurde gezeigt, ist während des *Erlebnisses* auf die Subjekttranszendenz (oder die Handlung) gerichtet,

[158] Vgl. Subjekt versus Objekt Kapitel 3.4 und 3.5.

auf diese Weise werden alltägliche Muster in den Hintergrund gedrängt. Die Fokussierung der Wahrnehmung deutet auf eine Begrenzung des Stimulusfeldes hin und ruht auf der Identität (Einheit) des Subjekts mit seiner Umwelt oder auf der Handlung selbst.

In einem Abschnitt des hier behandelten Interviews (Interview 1, Zeile 34-43) wurde der Springer gefragt, ob ihn noch etwas beschäftigt habe, nach einem „nee“ folgte die Beschreibung des Sprungablaufes oder der Dinge, die dem Interviewten wichtig erschienen: generelle Fixierung auf den Sprung, Wahrung der Körperspannung, gerades Kippen, Vorsicht bei Annäherung des Wassers, Schließen der Augen und Brechen des Wassers (Zeile 34-43). Hieraus ließe sich eine Art des Verschmelzens mit der Handlung schlussfolgern, nicht jedoch mit der Umwelt. Der Fokus des Befragten ruht zur Gänze auf der Handlung und den Anforderungen[159].

Innerhalb des letzten identifizierten Charakteristikums steht die Zeitstruktur der Springenden im Fokus der Betrachtung; eine Zeitstruktur selbst lässt sich beim gewohnten Springer ebenfalls finden, diese unterscheidet sich jedoch deutlich von der der Erstspringer:

Interview 1:
I also ich nehm mal an du als erfahrener springer du
weißt ja sicherlich wie lang so n sprung geht ähm
wie fühlt sich des aber jetzt nur bezogen auf die
zeit wie fühlt sich des an findest du da gibts ein
unterschied zwischen zwischen der zeit die vergeht
die du fühlst und zwischen der zeit von der du weißt
dass sie vergeht weil du halt weißt wie lang so n
sprung dauert?

B (.5) Ich glaub man merkt nicht wirklich ä den einen
unterschied also man man erlebt des genauso wie es
eigendlich auch is dass der fast sprung nicht länger
der der freie flug nicht länger als als eine sekunde
is du wirst natürlich langsam abgebremst un am
schluss halt dann extrem aber eigendlich auch nach
10 metern des is normalerweise nach einer sekunde

159 Vgl. die Ausführungen über *Flow* in Kapitel 3.5.
An diesem Punkt könnte davon ausgegangen werden, dass innerhalb von *Erlebnissen,* in Abhängigkeit von der Eingliederung in den Alltag (und möglicherweise ebenfalls von der *Außeralltäglichkeit*), eine Art Hierarchie beobachtet werden kann. Diese Erlebnishierarchie könnte derart strukturiert sein, dass bei „neuen“ und „unverbrauchten“ *Erlebnissen* der Fokus eher auf der Transzendenz und bei veralltäglichten *Erlebnissen* der Schwerpunkt eher auf der Handlung ruht.
Vgl. Kapitel 3.3.2 und 3.3.3.

108 dann äh (.5) is der freifall schon vorbei und du
109 merkst wie du im seil hängst also [schnauf] (1)
110 genau ne die äh man merkt kein unterschied

112I okay also aber zeit hast du schon (.5) irgdnwie im
113 nachhinein oder auch beim sprung selbst?

114B (.5) Zeit in wiefern?

115I also spürst du wie die zeit vergeht - während du
116 springst?

117B ja ich spür wie die zeit vergeht - also diese eine
118 Sekunde erlebt man ganz schnell aber man erlebt sie
119 natürlich auch sehr intensiv weil man natürlich ä
120 alles um sich rum schon bisschen wahrnimmt und äh
121 diese glücksgefühle des vielleicht des ein gaanz
122 kleines Bisschen verlängern

Zu Beginn erläutert der Befragte, dass die Zeit, die objektiv vergeht, genau der erlebten Zeit entspricht (Zeile 102f); hieran schließt sich eine Beschreibung der objektiven Zeitstruktur des Bungee an (Zeile 103-109), wie lange der freie Fall dauert und wie es sich mit der Entschleunigung durch das Seil verhält. Abgeschlossen wird dieser Abschnitt mit der Bekundung, dass es keinen Unterschied gebe, zwischen der erlebten und der objektiv verstrichenen Zeit (Zeile 110). Die Nachfrage, ob Zeit vom Interviewten konkret wahrgenommen wird, wird positiv beantwortet (Zeile 117-122) und zwar unzweifelhaft. In der Beschreibung des Zeitgefühls wird die eine Sekunde (des freien Falls) als schnell und intensiv erlebt geschildert, jedoch wird diese eine Sekunde vielleicht durch die Glücksgefühle ein kleines Bisschen verlängert (Zeile 121f). Es nicht möglich hieraus ein Verhältnis zur objektiven Zeitstruktur herzustellen. Vom Befragten wird lediglich eingeräumt, dass das Zeitgefühl möglicherweise ein kleinwenig modifiziert werden könnte.

Innerhalb dieser Zeitwahrnehmung ist demnach weder die Zeit als solches in den Hintergrund gedrängt, noch ist sie in erhöhter Weise modifiziert; folglich hat die Gewöhnung an ein Erlebnis eine Wirkung, die „schwächend“ auf die verschiedenen identifizierten Erlebnis-Charakteristiken wirkt. Die Wiederholung ruft eine besondere Eigenschaft ans Tageslicht, durch welche die außergewöhnliche Qualität und die damit verbundenen Eigenschaften kategorisiert und hierdurch in den Alltag integriert werden können. Diese Eigenschaft ist kein Bestandteil des *Erlebnisses* in eigentlichem Sinne, sie ist eher so etwas wie ein „Stiller Teilhaber“, sie weilt unter der sichtbaren Oberfläche und tritt genau dann zum Vorschein, wenn das Erlebnis seinen

Status als solches verliert. Durch Wiederholung werden die Konstituenten des Erlebnisses geschwächt, eliminiert oder schlicht in den Alltag eingegliedert.[160] Die flüchtige und unbeständige Eigenschaft der außergewöhnlichen Qualität steht mit der Deutungshoheit des Antagonisten, dem Alltag, in direktem Zusammenhang. Der Alltag stellt für die außergewöhnliche Qualität keine Kategorien bereit, hinzu kommt, dass der Alltag sogar von ebendieser Qualität in den Hintergrund gedrängt wird; eine andauernde Existenz dieses Außergewöhnlichen oder Außeralltäglichen innerhalb des Alltags jedoch generiert eine Definitionsstruktur, die es dem Alltag erlaubt, mit dem chaotischen und ungeordneten (wie Oben angedeutet) umzugehen. Anders formuliert: in solchen Fällen werden Kategorien erzeugt, die eine Einordnung des Wahrgenommenen ermöglichen; diese neuen Reize werden demzufolge akkommodiert und hierdurch in den Alltag eingegliedert.

160 Vgl. das Außeralltägliche im Alltag, Kapitel 3.3.2.

3 Theoretische Fundierung

3.1 Analytischer Unterbau – Begriff und Definition

In diesem Teil der Arbeit werden die empirisch gewonnenen Aussagen einer theoretischen Analyse und Begriffsbildung unterworfen. Damit dies möglich ist, sind grundlegende Differenzierungen in dichotome Begriffe, zu theoretisch-analytischen Zwecken notwendig. Diese sind in der Realität größtenteils in Mischformen anzutreffen. Diesbezüglich weist Max Weber an einigen Stellen auf Idealtypen und deren Notwendigkeit hin:

> Die Soziologie bildet (...) *Typen*-Begriffe und sucht generelle Regeln des Geschehens. [...] Wie bei jeder generalisierten Wissenschaft bedingt die Eigenart ihrer Abstraktionen es, daß ihre Begriffe gegenüber der konkreten Realität (...) relativ inhaltsleer sein müssen. Was sie dafür zu bieten hat, ist gesteigerte *Eindeutigkeit* der Begriffe.[161]

Diese eindeutigen Begriffsdefinitionen bergen bei einer Analyse der menschlichen Realität zwar die Gefahr der theoretischen Anpassung der betrachteten Wirklichkeit an die Definitionen, doch bieten sie hierfür auch ein Analysemuster, das es erst erlaubt, reale Erscheinungsformen des menschlichen Handelns erkenntnisgewinnend zu untersuchen. An anderer Stelle heißt es zum Thema der drei Typen der Herrschaft:

> Die Zweckmäßigkeit dieser Einteilung kann nur der dadurch erzielte Ertrag an der Systematik erweisen. [...] Daß keiner der drei, im folgenden zunächst zu erörternden, Idealtypen historisch wirklich >>rein<< vorzukommen pflegt, darf natürlich hier sowenig wie sonst die begriffliche Fixierung in möglichst reiner Ausprägung hindern.[162]

Solche idealtypischen Kategorisierungen werden im Folgenden gebildet und in einem weiteren Schritt abstrahiert. Dies führt zu einem weiteren typisierten Begriff, für den dasselbe gelten wird.

In differenter Weise wurde der Begriff *Begriff* im Theorem des *Semiotischen Dreiecks*[163] definiert, demzufolge ein Begriff die mentale Repräsentation eines Sachverhaltes oder Objektes ist. Dies ist zu unterscheiden von der Beschreibung oder Darstellung

---

161 Weber, Max: Wirtschaft und Gesellschaft. Grundriss der verstehenden Soziologie. Frankfurt a.M, 3. Aufl. 2005, S. 14.

162 Ebd, S. 160.

163 Vgl. Lewandowski, Theodor: Linguistisches Wörtebuch 2. Heidelberg, Wiesbaden, 6. Aufl. 1994, S. 960, und dortige interne Verweise.

der Entität, dem Symbol. Wird diese Konzeption auf den hier angewendeten Analyseentwurf übertragen, lässt sich ein zweiwertiges Muster erkennen, das durch etwas Inneres und etwas Äußeres charakterisiert ist.

> Idealtypisch sind aber die konstruktiven Begriffe der Soziologie nicht nur äußerlich, sondern auch innerlich. Das reale Handeln verläuft in der großen Masse seiner Fälle in dumpfer Halbbewusstheit oder Unbewusstheit seines >>gemeinten Sinns<<.[164]

Der Prozess der Sinnkonstruktion der kategorisch geprägten Begriffe und das Füllen und Interpretieren der inhärenten Semantik sind demzufolge die Aufgaben, - denen sich hier gewidmet wird.
Die nachfolgenden theoretischen Erläuterungen entwickeln die empirisch fundierten Thesen weiter und führen letztlich zu einer abstrakten Konzeption von *Erlebnis.* Hierbei werden einige Begriffe, die in der Analyse aufgetaucht sind, expliziter erläutert und spezifiziert. Dieses Vorhaben bringt eine Begriffsdefinition mit sich, die – wie es bei solchen Definitionen üblich ist – Probleme in sich birgt.[165] Diese Probleme sollen keineswegs übergangen werden, vielmehr soll hier versucht werden, eine Begriffsklärung zu vollziehen, die für Argumentationen und Analysen fruchtbar sein kann. In der Regel „versteht man unter einer Definition eine *eindeutige* Festlegung eines Begriffes“[166], hinzu kommt eine strikte Abgrenzung zu anderen Elementen derselben Klasse[167]. Nach Karl Popper sind Definitionen weder wahr noch falsch, elementar ist die Bestimmung einer eindeutig zu verwendenden Terminologie.

> Eine Terminologie kann zweckmäßig oder unzweckmäßig sein, (…) sie kann vor allem anderen eindeutig sein oder widerspruchsvoll, aber sie kann nicht wahr oder falsch sein, denn sie ist, logisch betrachtet, (…) immer konventionell.[168]

Demzufolge soll sich hier auf einen Erlebnis-Begriff geeinigt werden und diesen wollen wir – im Kontext dieser Arbeit – als Konvention betrachten. Definitionen dieser Art sind, Popper zufolge, ohnehin nicht ohne Weiteres möglich, vielmehr ist

---

164 Weber: Wirtschaft und Gesellschaft, S. 15.

165 Vgl. Popper, Karl: die beiden Grundprobleme der Erkenntnistheorie. Aufgrund von Manuskripten aus den Jahren 1930-1933. Hrsg: Hansen, Troels Eggers. Tübingen, 2. Aufl. 1994.

166 Popper: Die beiden Grundprobleme der Erkenntnistheorie, S. 189.

167 Vgl. ebd, S. 189f.

168 Ebd, S. 177.

es für ihn sogar unmöglich Begriffe vollständig zu definieren, so dass eine Verwendung in empirischem Sinne eindeutig bestimmt ist[169]. Daher legt „die Verwendung des Begriffes (…) das fest, was man seine „Definition" oder seine „Bedeutung" nennt. Anders ausgedrückt: Es gibt nur *Gebrauchsdefinitionen*"[170]. Eine solche Gebrauchsdefinition soll hier erarbeitet werden.
So wird in dieser Arbeit – nach einer distinktiven Beschreibung (Gebrauchsdefinition) – der Begriff des *Erlebnisses* mit einer eigenen Definition verwendet werden, sodass dieser auf das „Besondere", das „Außergewöhnliche", das „Transzendente" und das „Fokussierte" passt, das den Interviews mit den Bungeespringern zu entnehmen war.

3.2 „Erlebnis"

Der Philosoph und Pädagoge oder besser einer der großen Denker des 18. Jahrhunderts, Jean-Jacques Rousseau, rückte das *Erleben* ins Zentrum der Aufmerksamkeit mit und durch das Werk: „Emile oder über die Erziehung"[171]. „Der berühmte Satz von René Descartes „Ich denke, also bin ich" wird [bei Rousseau] zu „ich erlebe, also bin ich""[172]. Innerhalb pädagogischer Aspekte nimmt *erleben* bei Rousseau einen nicht zu vernachlässigenden Stellenwert ein. Drei Unterrichtsprinzipien werden bei Rousseau zur Maxime erhoben: „Handlung, Erfahrung und Erlebnis"[173]. Erfahrung ist in diesem Falle erkenntnistheoretisch zu deuten, so eilt im Lernprozess „die Erfahrung (…) der Belehrung voraus"[174]. Anhand dieser epistemologischen Definition von Erfahrung lässt sich eine triviale Bestimmung von Erlebnis realisieren. Erlebnis grenzt sich folglich von Erfahrung ab und setzt eine spezifische Form von Wahrnehmungsschema voraus: „Leben heißt *erleben*[175]. Rousseau legte mit seinen Analysen den Grundstein für viele pädagogische Konzepte, die heute noch ihre Gültigkeit besitzen. Insbesondere die Erlebnispädagogik basiert auf diesen Gedanken; dennoch ist *Erleben* und insbesondere *Erlebnis* noch relativ unspezifisch definiert. Erst Wilhelm Dilthey wies 1905 dem Erlebnis eine begriffliche Definition zu[176].

---

169 Popper: Die beiden Grundprobleme der Erkenntnistheorie, S. 366.
170 Ebd, S. 367.
171 Rousseau: Emil oder über die Erziehung.
172 Heckmair, Bernd; Michl, Werner: Erleben und Lernen. Einführung in die Erlebnispädagogik. München, 7. Aufl. 2012, S. 17.
173 Ebd, S. 19.
174 Rousseau: Emil oder über die Erziehung, S. 38.
175 Vgl. Heckmair; Michl: Erleben und Lernen, S. 20.
Und: vgl. Opaschowski: Vom Versorgungs- zum Erlebniskonsum, S. 26
176 Vgl. Gadamer, Hans-Georg: Wahrheit und Methode. Grundzüge einer philosophischen Hermeneutik. Tübingen, 4. Aufl. 1975, S. 57f.

> Das Bewusstsein von einem Erlebnis und seine Beschaffenheit, sein Fürmichdasein und was in ihm für mich da ist, sind eins: Das Erlebnis steht nicht als Objekt dem Auffassenden gegenüber, sondern sein Dasein für mich ist ununterschieden von dem, *was* in ihm für mich da ist.[177]

Für Dilthey ist *Erlebnis* ebenfalls in erkenntnistheoretischem Kontext zu verstehen. Die Transposition, das Hineinversetzen in einen Sachverhalt ist für ihn neben dem Erlebnismomentum zentral[178]. Essentiell ist ihm die Legitimation der Geisteswissenschaften, die seinem Motiv für eine Begriffsbildung zugrunde liegt[179]. „So bildet der Begriff des Erlebnisses die erkenntnistheoretische Grundlage für alle Erkenntnis von Objektivem.“[180] Auch bei Husserl ist diese Art der Deutung zu finden, allerdings steht für diesen die intentionale Beziehung, wenn etwas Bestimmtes erlebt und gemeint ist (erkennbares Gegenüber), im Zentrum[181]. Gemein haben die Spezifikationen und Deutungen alle das „unmittelbare“[182] Moment, das dem Erlebnis innezuwohnen scheint. „Jedes Erlebnis ist aus der Kontinuität des Lebens herausgehoben und ist zugleich auf das Ganze des eigenen Lebens bezogen.“[183]

Der Erlebnisbegriff diffundierte über die Pädagogik und über erkenntnistheoretische Aspekte hinaus und mündete schlussendlich in einer Renaissance seiner selbst, wobei der Begriff schließlich einen Stellenwert besaß, um einen von Gerhard Schulze Anfang der 90er diagnostizierten gesellschaftlichen Wandel zu indizieren[184]; die Erlebnisgesellschaft wurde verifiziert. Der Wandel, welcher mit der Erlebnisgesellschaft einhergeht charakterisiert sich in einer Reorientierung der Lebensauffassung; die gesellschaftliche Emanzipation von physischen Nöten fördert einen Wechsel der Handlungsmotive zutage. So werden *äußere* Handlungsmotive durch *innere* in den Hintergrund gedrängt[185]. Diese *Innenorientierung* wandelt, so Schulze, sowohl das individuelle, als auch das gesellschaftliche Leben ab[186]. In diesem Zuge wird eine Milieusegmentierung der Gesellschaft dargestellt und differente Reaktionen und Realisierungen einzelner Gruppen oder Milieus auf diese Innenorientierung aufgezeigt. Der In-

177 Dilthey, Wilhelm: Zitiert in: Lessing, Hans-Ulrich: Wilhelm Dilthey. Eine Einführung. Köln, Weimar, Wien 2011, S. 136.

178 Vgl. ebd, S. 120.

179 Vgl. Gadamer: Wahrheit und Methode, S. 60.

180 Ebd, S. 62.

181 Vgl. ebd.

182 Ebd, S. 63.

183 Ebd, S. 65.

184 Vgl. Schulze: Die Erlebnisgesellschaft.

185 Vgl. ebd., S. 37.

186 Vgl. ebd, S. 40.

nenorientierung wird von Schulze nun ein Erlebnischarakter zugeschrieben, der innerhalb dieses Werks keiner akribischen Spezifizierung unterliegt. „Erlebnisse haben psychophysischen Charakter. Reduziert man sie, wie es für die Soziologie kultureller Formen typisch ist, auf ihre kognitive Komponente, so bleibt die Analyse unvollständig.“[187] Die Analyse selbst bleibt jedoch aus; für Schulze werden zwar äußere Situationen durch ihre Verarbeitung zum Erlebnis[188], denn „Erlebnisse sind verknüpfte Prozesse in Körper und Bewusstsein“[189], allerdings ist weder aus diesen, noch aus andern Thesen des Buches eine Konzeption von Erlebnis folgerbar und das, obwohl eben jenes Erlebnis die moderne Gesellschaft durchdringt und zum Teil bestimmt.[190]

187 Schulze: Die Erlebnisgesellschaft, S. 89.

188 Vgl. ebd, S. 43, 45.

189 Ebd. S, 47.

190 Die Liste der Literatur, die bezüglich „Erlebnis“ angeführt werden könnte, ist nahezu endlos. In dieser Arbeit soll es jedoch nicht um eine historische Deutung der Erlebenssemantik gehen, sondern um eine Präzisierung und Fixierung des Begriffes. Aus diesem Grunde werden an dieser Stelle lediglich die zentralen Arbeiten angeführt, die in der Regel den Sekundärtexten zugrunde liegen.

3.3 Charisma und Außeralltäglichkeit

3.3.1 Die Konzeption des Charismas

Die erste theoretische Entsprechung wird aus der außergewöhnlichen Qualität entwickelt. Das Außergewöhnliche, so wurde gezeigt, ist dem Alltäglichen gegenüber gesetzt und verdrängt dieses sogar. Diese Eigenschaft findet in den Konzepten von Charisma und Außeralltäglichkeit bei Max Weber seine Entsprechung. Demnach soll der Begriff des Charismas und der Außeralltäglichkeit dezidiert untersucht werden. Weber handelt diese Konzepte größtenteils in Wirtschaft und Gesellschaft in den Kapiteln über Herrschaft bzw. über Herrschaftsformen ab. Die Ausführungen beginnen mit einer Differenzierung von Macht, Disziplin und Herrschaft, wobei Herrschaft und Macht der Disziplin entgegengesetzt sind: „*Herrschaft* soll heißen die Chance, für einen Befehl bestimmten Inhalts bei angebbaren Personen Gehorsam zu finden“[191]. Dieser Definition zu Folge ist Herrschaft zum einen durch den Willen (Befehl) des Herrschenden und zum anderen durch den essentielleren Punkt der Gehorsamkeit, also der mentalen Einstellung, die zu einem sozialen Handeln[192] des Beherrschten führt, gekennzeichnet. Die Motive, die zu eben diesem Gehorsam führen, sind ungleich, doch wie auch immer sie geartet sein mögen, Legitimität ist von großer Bedeutung, da das Legitimitätskonstrukt als komplementäre Konstituente für Charisma angesehen werden kann.

> Jede [Herrschaft] sucht vielmehr den Glauben an ihre >>Legitimität<< zu erwecken und zu pflegen. Je nach der *Art* der beanspruchten Legitimität aber ist auch der Typus des Gehorchens (...) und der Charakter der Ausübung der Herrschaft grundverschieden.[193]

Die Legitimation der Herrschaft, bzw. der Glaube an das Konstrukt der Legitimation, wird nun – und genau an diesem Punkt werden die Ausführungen für unsere Thesen relevant – in drei Kategorien eingeordnet: die Legitimitätsgeltung rationalen Charakters, die traditionalen Charakters und die charismatischen Charakters[194]. Die rationale Form der Legitimität ist die *legale* Herrschaft (z.B. Demokratie). Die traditionale Form beruht auf dem Glauben an die Rechtmäßigkeit (bei Weber Heiligkeit) von Traditionen und schließlich: die charismatische Form der Legitimität, sie basiert „auf der

191 Weber: Wirtschaft und Gesellschaft, S. 38.

192 Soziales Handeln soll hier im weberschen Sinne verstanden werden: Ein Tun, das auf andere in seinem gemeinten Sinn bezogen ist. Vgl. Weber: Wirtschaft und Gesellschaft, S. 4.

193 Ebd, S. 157.

194 Ebd., S. 159f.

außeralltäglichen Hingabe an die Heiligkeit oder die Heldenkraft oder die Vorbildlichkeit einer Person und der durch sie offenbarten oder geschaffenen Ordnung“[195]. An diesem Punkt lässt sich erstmals Webers Interpretation von Charisma als Gnadengabe[196] erkennen. Charisma äußert sich demnach in speziellen Fähigkeiten oder Eigenschaften, die ein spezifisches Subjekt in sich vereint und hierdurch Macht oder Herrschaft auf andere ausüben kann. Ebenfalls der Begriff des *Außeralltäglichen* ist hier in engem Verbund mit dem Charisma anzutreffen. Doch vorerst zurück zur *charismatischen Herrschaft*: Im Falle derselben „wird dem charismatisch qualifizierten *Führer* als solchem kraft persönlichen Vertrauens in Offenbarung, Heldentum oder Vorbildlichkeit im Umkreis der Geltung des Glaubens an dieses sein Charisma gehorcht.“[197] Die Anhänger lassen sich durch den Glauben an die Gaben des charismatischen Führers beherrschen. In ihren Augen ist die Offenbarung, das Heldenhafte oder alles, was mit diesem Führer verbunden ist, heilig und unantastbar, kurz, außeralltäglich. Der Gehorsam wird demzufolge nicht durch eine Form des irdischen Drucks hervorgerufen, da die Legitimation nicht innerhalb des menschlichen Geltungsbereiches liegt. Diese Legitimation birgt den Rückhalt transzendenter Mächte in sich und umgeht demzufolge rationale Muster[198] innerhalb dieser charismatischen Struktur. Max Weber verallgemeinert das Heilige innerhalb dieses Kontextes zum Magischen, löst hierdurch die religiöse Konnotation heraus und definiert Charisma wie folgt:

> >>Charisma<< soll eine als außeralltäglich (ursprünglich, sowohl bei Propheten wie bei therapeutischen wie bei Rechts-Weisen wie bei Jagdführern, wie bei Kriegshelden: als magisch bedingt) geltende Qualtität einer Persönlichkeit heißen, um derentwillen sie als mit übernatürlichen oder übermenschlichen oder mindestens spezifischen außeralltäglichen, nicht jedem anderen zugänglichen Kraft oder Eigenschaften (begabt) oder als gottgesandt oder als vorbildlich und deshalb als Führer gewertet wird.[199]

Charisma findet seinen Ausdruck in einer persönlich gebundenen, magisch bedingten und außeralltäglichen Qualität. Die Macht, die von eben dieser Qualität ausgeht,

---

195 Weber: Wirtschaft und Gesellschaft, S. 159.

196 Charisma (griech. „Geschenk“) ist die Gnadengabe, eine als Gottesgeschenk empfundene Begabung oder Begnadung. Vgl. Schmidt; Schischkoff (Hg.): Philosophisches Wörterbuch, S. 106.

197 Weber: Wirtschaft und Gesellschaft, S. 159.

198 Nicht Zweckrationale, wie sie von Weber beschrieben werden. Vgl. Weber: Wirtschaft und Gesellschaft, S. 5.

199 Ebd, 179.

generiert ihre Legitimation außerhalb des terrestrisch Deduktiven und zeigt sich angesichts dessen als vorerst stabil, da rationale Strukturen oder Argumentationen ihr anfänglich nichts anhaben können; gerade dies wäre demgegenüber alltäglich, (zweck-) rationale Erklärungsmuster und Kausalitäten also sämtliche Architekturen, die den heutigen Alltag westlicher Gesellschaften bestimmen[200].
Die charismatische Herrschaft ist diesen alltäglichen Charakteristika fundamental entgegengesetzt, dies bedeutet jedoch nicht, dass sie keiner Anerkennung bedarf, denn die Geltung hängt von dieser ab.

> Über die Geltung des Charisma entscheidet die durch *Bewährung* – ursprünglich stets: durch Wunder – gesicherte freie, aus Hingabe in Offenbarung, Heldenverehrung, Vertrauen zum Führer geborene, *Anerkennung* durch die Beherrschten. Aber diese ist (bei genuinem Charisma) nicht der Legitimitäts*grund*, sondern sie ist *Pflicht* der kraft Berufung und Bewährung zur Anerkennung dieser Qualität Aufgerufenen. Diese Anerkennung ist psychologisch eine aus Begeisterung oder Not und Hoffnung geborene ganz persönliche Hingabe.[201]

Das Charisma erlangt demnach seine Geltung durch die *charismatisch* Beherrschten, die durch ihren Glauben es selbst und seine Wirkungsmuster zum Leben erwecken und den Einfluss, der sich hieraus ergibt, erst ermöglichen. Sie vertrauen in die Übernatürlichkeit, die Prophetie, das Orakelhafte, die Eingebung, eben das Außeralltägliche[202] und empfinden dies in der Tiefe ihres Inneren; Weber nennt dies „persönliche Hingabe". Hieraus ergibt sich eine spezifische Irrationalität und Regelfremdheit, die das Charisma im akuten Falle so mächtig werden lässt. Es ruft eine Negation gültiger

---

200 Für Weber ist der Alltag sehr stark durch die *Sitte* bestimmt. Vgl. Weber: Wirtschaft und Gesellschaft, S. 240f.
Und: vgl. Winfried Gebhardt: Das Alltägliche ist das Gewohnte, eingelebte, das traditionale Handeln, das Reagieren auf gewohnte Reize. Es ist die typische Form des Alltagshandelns, es ist unbewusst und unhinterfragt.
Gebhardt, Winfried: Fest, Feier und Alltag. Über die gesellschaftliche Wirklichkeit des Menschen und ihre Deutung. In: Europäische Hochschulschriften, Reihe 22, Soziologie, Bd. 143. Frankfurt a.M. u.a. 1987, S. 24.

201 Weber: Wirtschaft und Gesellschaft, S. 179.

202 Vgl. das Heilige und das Profane bei Roger Caillois. Das Heilige (woraus Weber das Charismatische entwickelt) ist der Gegenbegriff zum Profanen. Das H. hat eine außerordentliche Wirkungskraft und ist Quell des Erfolgs, aller Macht und allen Glücks. Das Profane hingegen ist (im Vergleich) das Dürftige und das Nichtige.
Vgl. Caillois, Roger: Der Mensch und das Heilige. Durch drei Anhänge über den Sexus, das Spiel und den Krieg in ihren Beziehungen zum Heiligen. München, Wien 1988, S. 19, 22f, 26.

Regelhaftigkeiten hervor und ist spezifisch revolutionär. Hinzu kommt, dass „die Anerkennung des charismatisch Qualifizierten (...) die Pflicht derer [ist], an welche sich die Sendung wendet."[203] Wäre dies nicht der Fall, so bräche das komplette Konstrukt in sich zusammen; folglich wird die Anerkennung zur *Pflicht,* wobei Pflicht einer semantischen Umdeutung innerhalb dieses Kontextes unterliegt, da die Betrachtung von der Perspektive des charismatisch Qualifizierten ausgeht, die Anerkennung der Beherrschten für den Charismaträger Pflicht ist. Das Charisma differenziert sich als revolutionierende Macht von einer anderen, ebenfalls revolutionierenden Macht, der *ratio,* da es eine „Umformung von innen her sein [kann], die, aus Not oder Begeisterung geboren, eine Wandlung der zentralen Gesinnungs- und Tatenrichtung unter völliger Neuorientierung aller Einstellungen"[204] bedeutet.
Die Definition des Charismas und der Außeralltäglichkeit zeigt sich auf dieser Ebene am deutlichsten, denn dessen innere Struktur tritt hier zutage. In gleichem Zuge jedoch, wird die kurzlebige und ephemere Charakteristik des Charismas deutlich. Wenn sich das Charismatische nicht festigen kann, so verflüchtigt es sich, es verschwindet, da es an nichts Persistentem anhaften kann.[205]
Dass die dem Charisma zugewiesene Außeralltäglichkeit eine magische Qualität ist, die primär an Personen gebunden war, wird von Weber mehrfach erwähnt:

> Helden und Zauberer bewährten sich in dem Glauben ihrer Anhänger als charismatisch Begabte. Kraft dieser Gabe (>>charisma<<) und – wenn die Gottesidee schon deutlich konzipiert war – kraft der darin liegenden göttlichen Sendung übten sie ihre Kunst und Herrschaft. Dies galt für Ärzte und Propheten ganz ebenso wie für Richter, militärische Führer oder Leiter von großen Jagdexpeditionen.[206]

Die Bewährung, die dem charismatischen Führer von Anhängern oder Beherrschten zugesprochen wird, folgt demnach aus der Suggestion einer transzendentalen Gunstbezeugung. Diese taucht nach Weber u.a. erstmals als Heldenekstase in Altägypten auf[207]. Spezifiziert wird diese Ekstase beim nordischen Berserker; gemeint ist ein dem Rausch verfallener Krieger, der keine Wunden und Schmerzen mehr wahrnimmt und in Rage kämpft, bis sein Blutdurst gestillt ist. Hierbei ist es unbedeutend, ob dieser Rausch rituell oder durch toxische Stoffe erzeugt wurde; allein die Bewährung durch

---

203 Weber: Wirtschaft und Gesellschaft, S. 833.
204 Ebd., S. 182.
205 Vgl. die Ergebnisse der außergewöhnlichen Qualität und deren flüchtigen Charakter in Kapitel 2.2.1.
206 Weber: Wirtschaft und Gesellschaft, S. 833.
207 Vgl. ebd, S. 195.

den Glauben der Anhänger an die charismatische Begabung des Führers ist bedeutsam[208].
Gleichfalls geht hieraus hervor, dass die charismatische Form genuin kein geordnetes Verfahren erzeugen oder verstehen kann. Aus diesem Grunde ist sie vielen anderen Strukturen entgegengesetzt, beispielsweise der patriarchalischen oder der sich daraus abzuleitenden erwirtschaftenden oder wirtschaftlichen Struktur[209]. Veralltäglichtes oder traditionales Charisma ist zwar häufig eingebunden in wirtschaftliche oder zweckrationale Verbünde, „immer aber – das ist das Entscheidende – lehnt das Charisma [selbst] den planvollen rationalen Geldgewinn, überhaupt alles rationale Wirtschaften, als würdelos ab."[210] Es ist in seinem Wesen sowohl das Außeralltägliche als auch das Unweltliche und dies äußert sich in einer Form der Irrationalität, der Regelfremdheit und Wirtschaftsfremdheit. Um diese reine, fast ursprüngliche Form des Charismas soll es sich hier handeln. In der veralltäglichten, rationalisierten oder traditionalisierten Erscheinung des Charismas sind Kompetenzen durch Satzungen, Ordnungen, Bräuche oder feudale Treueversprechen bedingt; nicht so beim genuin charismatisch Qualifizierten, dieser ist durch die Bewährung seiner Kräfte zu Wundern fähig und aufgrund dessen gottgewollt[211]. Durch die Verleumdung von äußerer Ordnung und seinem revolutionären Charakter, ist Charisma souveränbrechend und umwertend. Für Weber ist das eine Form der *inneren Unterwerfung*, da bei beherrschten Subjekten oder Gruppen Einstellungen, Überzeugungen und Glaubensgrundsätze gelenkt werden.
Diese irrationale Konzeption zeigt die Außeralltäglichkeit des Charismas auf. Das Außeralltägliche zeichnet sich auch durch das Flüchtige aus. Das Flüchtige und das *Außeralltägliche* sind Komponenten, die Erlebnisse derart in sich tragen. Bevor wir jedoch das Erlebnis betrachten sollten einige Aspekte des *Außeralltäglichen* innerhalb Alltags betrachtet werden. Verdeutlicht wird an diesem Punkt, wie sich das Außeralltägliche in der Lebenswelt der Menschen festsetzt. Zugleich wird an dieser Stelle erkennbar, wie es sich im Erlebnis manifestiert.

---

208 Weber: Wirtschaft und Gesellschaft, S. 832f.
Vgl. ebenfalls die Kriegerekstase in Altägypten: Ebd, S. 195.

209 Vgl. Weber: Wirtschaft und Gesellschaft, S. 834.
Und: vgl. die alltagsnegierende Struktur und die irrationale Anziehungskraft beim Bungee-Springen. Kapitel 2.2.1.

210 Weber: Wirtschaft und Gesellschaft, S. 834.

211 Vgl. ebd, S. 835.

3.3.2 Das Außeralltägliche im Alltag

Um das Ephemere oder Flüchtige zu überwinden und eine adäquate materielle oder ideelle Alltagsgrundlage zu schaffen muss das Charisma seinen Charakter elementar abwandeln, es muss sich, um fortbestehen zu können, traditionalisieren oder rationalisieren (legalisieren). Ebenso muss die Bindung an einen neuen Träger gewährleistet sein; dieser wird durch Offenbarung oder orakelartige Bestimmung auserkoren. Hieraus lassen sich nun einige Erscheinungsformen des Charismas ableiten, wie das Amtscharisma oder das Erbcharisma. Doch ebenso beruht der Fortbestand auf der Bewährung, die eine Grundvoraussetzung für die Anerkennung ist:

> Das seinem primären Sinn nach autoritär gedeutete charismatische Legitimationsprinzip kann antiautoritär umgedeutet werden. Denn die tatsächliche Geltung der charismatischen Autorität ruht (...) gänzlich auf der durch >>Bewährung<< bedingten *Anerkennung* durch die Beherrschten.[212]

Eine Person ist, sofern sie charismatisch qualifiziert ist, legitim, doch erst durch die Rationalisierung wird die Anerkennung Grund der Legitimation[213] und kann so für eine weitere Existenz im Alltag sorgen.

Im gesellschaftlichen Leben zeigen sich charismatische Formen grundverschieden in Form von Ämtern, Strukturen oder Objekten. So ist beispielsweise die Justiz heute als weltliche und formale Rechtsprechung einer charismatischen wie dem Ordal, dem Gottesurteil entgegengesetzt[214].

Die von innen heraus revolutionierende Macht basiert auf der emotionalen Überzeugung eines Wertekonzepts der Beherrschten. Daher ist das Charisma so machtvoll.

> Daß die Rationalisierung und die rationale Ordnung von außen her revolutionieren, während das Charisma, wenn es überhaupt seine spezifische Wirkung übt, umgekehrt von innen, (...) der Gesinnung der Beherrschten seine revolutionäre Gewalt manifestiert.[215]

---

[212] Weber: Wirtschaft und Gesellschaft, S. 198.

[213] Zuvor basiert die Anerkennung auf dem Charismatischen (dem Außeralltäglichen oder Göttlichen).

[214] Wobei das Ordal schon formalisiert oder versachlicht ist, da strengen Regeln zur Ermittlung des göttlichen Urteils Folge geleistet werden muss. Vgl. Le Breton, David: Lust am Risiko. Von Bungee-jumping, U-Bahn-surfen und anderen Arten das Schicksal herauszufordern. Frankfurt a.M., 1. Aufl. 1995, S. 17.

[215] Weber: Wirtschaft und Gesellschaft, S. 837.

Zwar zeigt sich Charisma strukturbrechend und zweckrational strukturlos, nichtsdestotrotz, legt es spezifische Wirkungsmuster an den Tag. Ihm sind demnach „ausgeprägte soziale Strukturform[en]"[216] immanent. Dies scheint nur auf den ersten Blick ein Widerspruch zu sein, denn die eigene innere Struktur ist so idiosynkratrisch, dass diese von einer anderen Struktur nicht *erkannt* werden kann[217]. Hieraus folgt, dass die Beherrschten zwar formell freiwillig, jedoch auf Grund einer *Gewissenspflicht* dem Charismaträger folgen.
Durch den angesprochenen ephemeren Charakter des Charismas, kann die *rein* charismatische Herrschaft nicht lange im Alltag bestehen, es muss eine Umwandlung stattfinden, die nicht Sinne des Charismas selbst sein kann.

> So wird zum mindesten die reine Herrschaft des Charisma regelmäßig gebrochen, ins >>Institutionelle<< transportiert und umgebogen und dann entweder geradezu mechanisiert oder unvermerkt durch ganz andere Strukturprinzipien zurückgedrängt.[218]

Die Amalgamierung des Charismas mit den Strukturen des Alltags ist demzufolge eine notwendige Voraussetzung für das Fortbestehen der charismatischen Herrschaft. Diese Metamorphose zeigt sich durch eine Versachlichung, die das Merkmal der persönlichen Koppelung aufhebt und das Charisma an ein Amt oder eine institutionelles Gebilde bindet. Der Grund, warum noch von Charisma gesprochen werden kann, ergibt sich aus dem Außergewöhnlichen, das durch das Charisma hervorgerufen wird und eben nicht jedermann zugänglich ist. So manifestiert und fixiert sich Charisma im Alltag und transformiert sich in festere und statische soziale Erscheinungen: dies steht in engem Verbund mit einer grundlegenden „Umgestaltung seines Wesens und seiner Wirkungsart."[219] Die Einstellung der charismatisch Beherrschten bleibt erhalten, ihr Glaube ändert sich lediglich in Bezug auf das Ziel oder das charismatische Gebilde. Die Übertragbarkeit durch Blut ist ein Merkmal, das im Erbcharisma zu finden ist, so wird Charisma gewissermaßen zum Erbgut; beim Amtscharisma hingegen ist es „der Glaube an die spezifische Begnadung einer sozialen Institution als solcher"[220].

---

216 Ebd, S. 839.

217 Ähnlich den Codes in der Systemtheorie nach Niklas Luhmann. Systeme funktionieren oder filtern nach Codes. Die Umwelt wird nach diesen speziellen Mustern wahrgenommen, wird der Code nicht bedient, ignoriert das System die Entität, Kommunikation ist ausschließlich über diesen Code möglich. Vgl. Krause: Luhmann-Lexikon, S. 24; 46f; 52ff; 132f.

218 Weber: Wirtschaft und Gesellschaft, S. 841.

219 Ebd., S. 854.

220 Weber: Wirtschaft und Gesellschaft, S. 858.

Das Charisma selbst manifestiert sich primär in Persönlichkeiten, jedoch zeigen sich spezifische reorganisierte charismatische Formen in Gestalt von Ämtern und sozialen Gebilden oder Objekten:

> Das Charisma kann entweder – und nur dann verdient es in vollem Sinn diesen Namen – eine schlechthin an dem Objekt oder der Person, die es nun einmal von Natur besitzt, haftende, durch nichts zu gewinnende, Gabe sein[221]

Hierbei ist die charismatische Ausstrahlung von Bedeutung, die anfänglich an Personen gebunden war, jedoch durch einen Prozess der Reorganisation ihre Wirkungsmuster trotz der Transformation beibehalten kann. Der genuine transzendente Bezug der charismatischen Beziehung sorgt für ebendiesen Wirkmechanismus.

> Dabei noch von Charisma zu sprechen, rechtfertigt sich nur dadurch, daß stets der Charakter des Außergewöhnlichen, nicht jedermann Zugänglichen, den Qualitäten der charismatisch Beherrschten gegenüber prinzipiell Präeminenten erhalten bleibt[222]

Das Außergewöhnliche bleibt demzufolge nach jeder Transformation erhalten, lediglich die „magische Gunstbezeugung" tritt in den Hintergrund.[223]

Zur Verdeutlichung ist die Betrachtung des Papstes und seines Amtes hilfreich. Das Charisma ist auf die kirchliche oder religiöse Stellung übergetreten und hinzukommt, dass sich die *Sendung* an eine spezifische und abgegrenzte Gruppe richtet. Die Person, die das Amt übernimmt, ist austauschbar, die Bestimmung derselben erfolgt (nach Außen jedenfalls) durch ein ritualisiertes Verfahren, das den Charakter einer göttlichen Bestimmung an den Tag legt und so das außeralltägliche Charisma des Amtes legitimiert.

Die Begriffe Charisma und Außeralltäglichkeit entwickeln sich in ihrer Definition in einer Dialektik, da sie sich gegenseitig bedingen. Ungeachtet dessen ruht die Aufmerksamkeit in dieser Arbeit auf der Außeralltäglichkeit, auch wenn diese innerhalb dieses Kontextes nicht ohne den Begriff des Charismas gedacht werden kann. Außeralltäglichkeit soll im Folgenden als Attribut verstanden werden, das Geltung und

---

221 Ebd, S. 318.

222 Weber: Wirtschaft und Gesellschaft, S. 854.

223 Vgl. ebenfalls das Heilige bei Caillois: Das Heilige kann Dingen, Lebewesen, Orten und Zeiten zugeordnet sein; das H. Ist eine Eigenschaft, die durch eine „geheimnisvolle Gnade" zuteil wird (gleich dem Charisma, dem Geschenk oder der Gnadengabe).
Vgl. Caillois, Roger: Der Mensch und das Heilige, S. 20.

Legitimation durch das Charismatische zugesprochen bekommt, welchem es entstammt. Das Außeralltägliche bewährt sich, gleich dem Charisma, durch die Anerkennung der Beherrschten (Glaube an die Übernatürlichkeit, das Orakelhafte usw.). Es ist dem Alltag nicht allein entgegengesetzt, sondern negiert die Alltagsstruktur aktiv und führt zu einer Art „inneren Unterwerfung".
So kann das Außergewöhnliche bzw. das Außeralltägliche als Analogie für die Eigenschaften verstanden werden, die sich im Erlebnis wiederfinden. Zum einen zeigt sich ein Muster, das dem Wortlaut folgend, mit seiner Struktur aus dem Alltäglichen herausfällt; zum anderen zeigt sich das „Unbeschreibbare" und eine Art der irrationalen Anziehungskraft, die der „inneren Unterwerfung" der charismatischen Herrschaft gleicht.

3.3.3 Das charismatische Erlebnis

Hier und im Folgenden soll nun die Prämisse gelten, dass ein Erlebnis prinzipiell nicht alltäglich ist, sondern aus dem routinierten und gewohnten Alltag hervorsticht oder sogar ausbricht. Diese Grundannahme legitimiert sich aus den geführten Interviews (Kapitel 2.2.1) und ermöglicht eine weitere Spezifikation von Erlebnis. Die Interviewpartner äußerten explizit und implizit, dass das Erlebte aus den alltäglichen Routinen und Kategorien herausfällt. Im vorhergehenden Kapitel wurde erläutert, dass sich Charisma an Personen sowie an fast beliebige Entitäten anheften kann, sofern es einer spezifischen Transformation unterliegt; so kann es sich an Objekte, soziale Konstrukte und Institutionen binden. Die charismatische Struktur kann demzufolge in erster Line als Analogie für jene Charakteristiken betrachtet werden, die im Erlebnis zum Vorschein kommen. Darüber hinaus lassen sich möglicherweise Indizien finden, die das Außeralltägliche im Erlebnis selbst verorten.
Es soll demnach davon ausgegangen werden, dass die *außergewöhnliche Qualität*, die im Erlebnis zu finden ist, eine Form des Außeralltäglichen ist. Die Grundlage hierfür ist ebenfalls in den Analysen der Interviews zu finden. Der Grundgedanke ist die Differenzierung von Alltag und den Dingen, die diesem Gegenüber positioniert sind. Dem Alltag entgegengesetzt ordnet Weber das Charismatische, das Außeralltägliche ein[224]. Dass ein Erlebnis ebenfalls dem Alltag gegenüber steht, scheint auf den ersten Blick nicht mehr als eine Analogie zu sein, doch ist es, wie sich herausstellen wird,

---

224 Dieses und folgende Ausführungen beziehen sich auf die Zitation des Kapitels 3.3.1 und 3.3.2.
vgl. ebenfalls die Ausführungen von Winfried Gebhardt über Max Weber. Charisma ist der Gegenbegriff zum Alltag und kann sich an Objekte, vorgestellten Dingen, Ideen und Weltbildern anhaften.
Vgl. Gebhardt, Winfried: Fest, Feier und Alltag, S. 22ff.

wesentlich mehr als das. Für Weber ist Charisma nur durch das Außeralltägliche möglich. Das Charismatische ist eine magisch bedingte und außeralltägliche Qualität, die nicht jedem zugänglich ist. Dies bedeutet im Kontext des Erlebnisses in erster Linie, dass ein Wahrnehmungsmuster nur dann ein Erlebnis sein kann, wenn es eine Qualität aufweist, die nicht alltäglich ist und nicht jeder Sinneseindruck diese Qualität besitzen kann. Die transzendente Notation mit der allgemeinen Vorstellung von Erlebnis in Verbindung zu bringen scheint zunächst wesentlich diffiziler, doch bei genauerem Hinsehen lassen sich die Widersprüche aufheben. Die metaphysische Gunstbezeugung, welche hinter dem Außeralltäglichen weilt, steht in der Wahrnehmung eher im Hintergrund. Sie stützt, wie erläutert wurde, die Legitimation und zwar in der Form, dass sie sich abgrenzt von Weltlichem oder Alltäglichem. Gleichfalls jedoch lässt dieser transzendente Bestandteil das Konstrukt, an welchem das Charisma anhaftet, aufregend und anziehend wirken; es ist das Ungewöhnliche und Atemberaubende, das erkundet werden will. Diese Komponenten sind allesamt in den Analysen der interviewten Bungee-Springer/innen zu finden und lassen diese Analogie hierdurch plausibel und ergänzend werden[225]. Zum einen ist es die außergewöhnliche Qualität, die weder alltäglich, noch überall zu finden ist und zum anderen zeigt sich eine Art irrationale Anziehungskraft, die vom Erlebnis selbst ausgeht. Die Struktur des Charismas ist der des Alltags, des Rationalen und des Weltlichen fundamental entgegengesetzt; ebenso ist das Erlebnis polarisiert zum Alltag zu finden, was nicht bedeutet, dass sich Erlebnisse nicht in den Alltag einfügen, so wie sich das Charismatische in das Weltliche einfügt und dort in Erscheinung tritt. Das Charisma selbst ist nicht ausschließlich in seiner Struktur dem Weltlichen entgegengesetzt; ebenfalls zeigt sich eine Ablehnung dessen, was den Alltag bestimmt. Hinzu kommt eine Art aktive Negation der weltlichen oder alltäglichen Struktur. In selbem Maße lässt ein Erlebnis den Alltag vergessen, ihn nicht mehr in der gewohnten Weise wahrnehmen und führt sogar eine Form der Verdrängung herbei.

Wie jedes außeralltägliche Muster hat auch das Erlebnis damit zu kämpfen, wie lange es gegen den hegemonialen Alltag bestehen kann; es gleicht in seiner flüchtigen und ephemeren Weise dem Charismatischen. Die Faktoren, die Erlebnisse in den Alltag integrieren, sind zwar divergent zu jenen, die sich beim Charisma finden lassen, dennoch ist der Prozess strukturell indifferent. Erlebnisse haben, wie gezeigt wurde, ebendiesen flüchtigen Charakter und gehen unmittelbar, nachdem das Außeralltägliche in Erscheinung trat, in der Deutungshoheit des Alltags unter. Das Charismatische kann durch Prozesse der Veralltäglichung[226] permanent werden, es integriert sich in den Alltag. Es ist in diesen Fällen rationalisiert, traditionalisiert und versachlicht; das

225 Vgl. Kapitel 2.2.1

226 Vgl. Gebhardt, Winfried: Fest, Feier und Alltag, S. 32.

Außeralltägliche geht hierbei scheinbar verloren, die strahlende Anziehungskraft auf die Umwelt scheint zu erlöschen; die Machtdisposition der charismatischen Herrschaft jedoch bleibt erhalten, das Verhältnis von Herrschendem und Beherrschtem ist beständig. In dieser Form kann nicht mehr vom reinen Charisma gesprochen werden, es ist eine Transformation, die notwendig ist um die charismatische Struktur über einen längeren Zeitraum zu erhalten. Diese Transformation ist für das Erlebnis, wie wir es verstehen wollen, nicht notwendig, da keine reproduktiven Komponenten in den spezifischen außeralltäglichen Mustern des Erlebnisses vorhanden sind. Dennoch ändert sich das Wesen des Erlebnisses analog bei Formen der Veralltäglichung, der Wiederholung und der Gewöhnung. Genau wie das Charisma verliert das Erlebnis die strahlende Kraft der Außeralltäglichkeit[227]. Erlebnisse sind demzufolge und darüber hinaus durch ihre Einmaligkeit gekennzeichnet; Einmaligkeit in dem Sinne, dass bei stetiger Wiederholung, die Intensität (das Außeralltägliche) durch den Alltag und das Gewöhnliche nivelliert wird. Dieser Sachverhalt soll hier **iterative Limitation** genannt werden. In der empirischen Analyse wurde gezeigt, wie das Erlebnis Bungee-Jumping beim Vielspringer akkommodiert und in ein Skript eingebunden wurde, dieser Prozess, gleicht dem hier beschriebenen Prozess der Veralltäglichung. So lassen sich an diesem Punkt zwei Charakteristika von Erlebnis festmachen:
Außeralltäglichkeit: Ein Erlebnis zeigt sowohl in seiner inneren Präsenz (der rezeptiven Perspektive) als auch in seiner äußeren Präsenz (der etischen[228] Perspektive) eine strikte Distinktion zum Alltag. Dies kann sogar eine Negation der Alltäglichkeit hervorrufen. Darüber hinaus hat das Erlebnis eine charismatische Anziehungskraft, die auf Grund der inneren Struktur irrational erscheint.
Iterative Limitation: Bei steter Wiederholung, kann ein Erlebnis veralltäglichen und verkümmern, da es das herausragende Merkmal der Außeralltäglichkeit verliert und in den gewohnten Alltag akkommodiert wird oder sogar in ihm untergeht.

3.4 Das Erlebnis und das Transzendente

3.4.1 Die Konzeption Michael Balints

Das Erlebnis als solches birgt zwar die beschriebenen Komponenten in sich, dennoch gehen mit ihm weitere innere Prozesse einher. Es ist in doppeltem Sinne transzendent – um den Sachverhalt, der aus diesem Abschnitt folgt, vorwegzunehmen.

---

227 Vgl. Kapitel 2.3.1.

228 Vgl. emisch und etisch als „innere" und „äußere" Perspektive in: Lewandowski, Theodor: Linguistisches Wörtebuch 1. Heidelberg, Wiesbaden, 6. Aufl. 1994, S. 255, 283.

Transzendent auf die charismatische Weise, es geht etwas Aufregendes, nicht Erklärbares von ihm aus und übt Anziehung[229]. Ferner befindet sich das erlebende Subjekt in einem *transzendenten Modus*. Die empirischen Hinweise für diese Formen der Transzendenz, lassen sich den Interviews entnehmen[230]. Im Folgenden wird Transzendenz nach der psychoanalytischen Sichtweise Michael Balints[231] erläutert werden.

Von dem Sachverhalt ausgehend, dass Rummel und Jahrmärkte seit Jahrhunderten sehr verbreitet sind[232] und, wenn nicht in dieser Form, andere Formen von Festen, Spielen und spielerischen Ritualen im gesellschaftlichen Leben des Menschen integriert sind, ist dieser kulturelle Modus (vermutlich eine Form des Spiels) ein intendierter Ausbruch aus dem Alltag und somit für diese Betrachtung von Interesse. Der Jahrmarkt ist jedoch nicht lediglich eine historische Referenz, sondern steht gleichfalls mit Bungee in konkreter Verbindung. Speziell für Jahrmärkte werden Anlagen konzipiert, die Bungee in höchstem Maße nahestehen und derartige Sprünge imitieren. Der „Skyrider“ der Firma „Show Biz“ ist eines davon und leistet ebendieses[233]. Die Strukturen des Jahrmarktes rufen einen Bruch mit den täglichen Routinen und eine Lockerung der Regeln hervor, ähnlich dem Feiertage oder dem Urlaub[234]. Diese Umstrukturierung des aktuellen Erlebens verläuft in einem spezifischen und abgeschlossenen Rahmen und ist aus diesem Grunde dem Spiele ähnlich.[235] Roger Callois differiert in seiner Definition des Spiels nur geringfügig von Herkömmlichen, allerdings kategorisiert er in „Die Spiele und die Menschen“ das Spiel in vier Bereiche: *Agon* (Wettkampf), *Alea* (Zufall, Glück), *Mimicry* (Maskierung) und *Ilinx* (Rausch).[236] Jedes Spiel fällt nun in eine oder mehrere Kategorien. Der Rummel als solches bedient alle diese Muster und noch mehr.

Die bedeutendsten Klassen auf dem Jahrmarkt sind Nahrungsmittel, aggressives Vergnügen (Agon), Schwindel (Ilinx), Darbietungen (Mimicry), Glücksspiele (Alea),

---

229 Vgl. Kapitel 2.2.1, 3.3.1 und 3.3.2.

230 Vgl. Kapitel 2.2.2.

231 Balint, Michael: Angstlust und Regression. Beitrag zur psychologischen Typenlehre. Reinbek 1972.

232 Szabo, Sacha-Roger: Rausch und Rummel. Attraktionen auf Jahrmärkten und in Vergnügungsparks. Eine soziologische Kulturgeschichte. Bielefeld, Freiburg i.Br., 2006, S. 25ff.

233 Der Skyrider ist eine technische Konstruktion (Federstock-Schussanlage), mit deren Hilfe eine Art Personenkäfig durch die Lüfte „geschossen“ wird. Vgl. Pressemappe, „Skyrider. Das Original“ von „Show Biz“ (Anhang: 9.4)

234 Vgl. Balint: Angstlust und Regression, S. 17ff.

235 Vgl. Huizinga, Johan: Homo Ludens. Vom Ursprung der Kultur im Spiel. Hamburg 1956, S. 18f.

236 Vgl. Caillois, Roger: Die Spiele und die Menschen, S. 19, 21-36.

Wahrsagerei (Mimicry und Alea) und der Guckkasten oder Glücksspielautomat.[237] Bisweilen scheint es, als läge der Schwerpunkt auf dem Rausch, denn die Hauptattraktionen sind diese, die den Schwindel evozieren; der Verlust des Gleichgewichts, der Standhaftigkeit, der Kontakt mit der sicheren Erde, all diese Muster gehen mit den Fahrgeschäften auf dem Jahrmarkt einher[238]. Angstlust oder *Thrill* ergibt sich nun aus einer Mischung von Furcht und Wonne im Angesicht dieser (scheinbaren) Gefahr[239]. Im individuellen Umgang mit dieser Angstlust klassifiziert Balint das Philobate (das genießen des *Thrills*) und das Oknophile (das scheuen des *Thrills*)[240]. Diese Typen differieren lediglich in ihrer Wahrnehmung, denn dieselbe äußere Welt oder besser, eine spezifische Batterie an Reizen wird divergent verarbeitet[241]. Der Philobat genießt den Schwindel, er hat demnach mehr Lust als Angst, der Oknophile hingegen fühlt mehr Angst als Lust und klammert sich krampfhaft an sicherheitsverheißende Objekte. Von Belang ist die Form der Regression, denn diese kann in einer Verschränkung der Beziehung zwischen Subjekt und Objekt münden[242]. Balint spricht von einer *ungetrübten* und *urtümlichen Harmonie*, einem Zustand in dem Subjekt und Umwelt verschmolzen sind[243]. Die Grenzen des Subjekts transzendieren oder sind gar nicht erst vorhanden. Dieser Zustand, der eine pränatale Attribution enthält, ist und bleibt in dieser Form nicht erreichbar, dennoch tragen „wir alle die Phantasievorstellung einer urtümlichen Harmonie in uns“[244]. Unser Erleben, so Balint, wird in orgasmischen und ekstatischen Zuständen in die Nähe dieser Wunschvorstellung gerückt, die sich durch eine bestimmte Form des Erlebens auszeichnet und zwar durch das transzendente Subjekt: „Vielleicht ist das Wichtigste an all diesen Gemütserfahrungen (...) die fast vollkommene Identität zwischen dem Individuum und seiner Umwelt, d.h. Zwischen Mikro- und Makrokosmos.“[245] An dieser Stelle findet sich das Analogon zur identifizierten Subjekttranszendenz; die Einheit von Subjekt und Umwelt.

An späterer Stelle beschreibt Balint Bewegung (oder besser das Erlernen von Bewe-

---

237 Vgl. Balint: Angstlust und Regression, S. 17.

238 Vgl. ebd, S. 20.
Und: Szabo: Rausch und Rummel, S. 126ff.

239 Vgl. Balint: Angstlust und Regression, S. 21.

240 Vgl. ebd, S. 22.

241 Vgl. Balint: Angstlust und Regression, S. 42ff.

242 Ebd, S. 49ff.

243 Vgl. ebd, S. 54ff.

244 Ebd, S. 54.

245 Balint: Angstlust und Regression, S. 54.

gung und anderen Fertigkeiten (Progression)) als Schlüssel um den Zugang zur Identität von Umwelt und Subjekt zu erlangen[246]. Hier lassen sich weitere Grundsteine finden, die zu einer Theorie von Erlebnis führen. Das bedeutendste innerhalb dieses Kontextes jedoch ist die resultierende Einheit, das Transzendieren der Subjektgrenzen und das Verschwimmen und Verschmelzen des Individuums mit seiner Umwelt. Die (vermutlich unbewusste) Vorstellung dieser Harmonie scheint nun Einfluss auf uns und unser Streben zu haben, so ist sie nach Balint Inhalt vieler religiöser Lehren und Märchen, „erscheint als das letzte Ziel alles menschlichen Strebens“[247] und ist aus diesen Gründen im Erlebnis wiederzufinden.

3.4.2 Die Grenzen des Subjekts

Das Individuum kann mit der Umwelt verschmelzen oder wenigstens in die Nähe dieses Zustandes gerückt werden; dies ist das Ergebnis des letzten Abschnitts. Wie sich dieses Prinzip mit dem Erlebnis und dem Außeralltäglichen zusammenbringen lässt, ist Thema dieses Teils. Der Bruch des Alltags scheint Teil des Lebens zu sein – und das schon seit Jahrhunderten: das Fest, mit seinen unterschiedlichen Ausprägungen wie Kirmes, Jahrmarkt und Volksfest ist die institutionalisierte Form dieses Ausbruchs[248]. Diese Festformen differieren zwar in ihrer Genese und ihrem genuinen Sinnzusammenhang, jedoch bringen alle gleichsam das Außeralltägliche hervor, den Ausbruch aus dem profanen Alltag und letztlich eine reine Form des Erlebnisses[249]. Dies verdeutlicht sich bei der hinzuzunehmenden Betrachtung von Spiel nach Callois; insbesondere bei der Kategorie Ilinx, der Kategorie des Rausches. Ilinx wird aus dem Griechischen (Wasserstrudel) hergeleitet und erlangt auf diese Weise seine Bedeutung[250]. Es bezeichnet eine Form des körperlichen Schwindels und Taumels. Die Strukturäquivalenz von Spiel und Volksfest ist als Hinweis auf die Außeralltäglichkeit zu verstehen; beide verlaufen in spezifischen und vom Alltag distanzierten und distanzierenden Bahnen und ermöglichen folglich eine Struktur, die für das Erlebnis vorauszusetzen ist. Innerhalb dieser außeralltäglichen Struktur ist die Angstlust, der Thrill, der Taumel oder der Rausch (alles Ausprägungen von Ilinx) erlebbar. Für Balint ist Thrill eine Mischung aus den Gefühlszuständen „Lust und Unlust, beide[s] von großer Intensität“[251]. Bedeutsam an dieser Stelle ist, dass je nach Umgang mit der Angstlust in einen Zustand der ungetrübten und urtümlichen Harmonie

246 Vgl. ebd, 72.
247 Vgl. ebd., S. 54.
248 Szabo: Rausch und Rummel, S. 25-31.
249 Für dieses und folgende Zitate, siehe Zitation in Kapitel 3.3.1.
250 Caillois: Die Spiele und die Menschen, S. 34.
251 Balint: Angstlust und Regression, S. 73.

regrediert wird. Diese pränatale Phantasievorstellung ist mit der Angstlust assoziiert und tritt, dieser Theorie zufolge, beim Thrill hervor. Das Bemerkenswerte an der ungetrübten Harmonie ist die Transzendenz des Subjekts. Subjekt und Umwelt verschmelzen zu einer Identität, das Individuum (oder das „Ich") wird Eins mit seiner Umgebung, dem Objekt oder dem Tun.[252] Diese Erfahrung macht das Erleben so besonders, macht es anziehend, macht es außeralltäglich und macht es (erneut und auf eine neue Weise) transzendent. Hier stellt sich die Frage, was ein Mensch bereit ist zu tun oder was er überhaupt tun muss, um die Berührung oder wenigstens die Illusion dieses Zustandes zu erreichen.

Nach Balint ist die Antwort recht simpel: „Um die Illusion der „freundlichen Weiten" wiederherzustellen und die erregende Spannung (Thrill) zu erfahren, muß er [der Philobat] die Sicherheitszone verlassen und sich Risiken aussetzten."[253] Mit Sicherheitszone wollen wir hier den Alltag verstehen.[254] Risiken sind demzufolge sowohl Ausbrüche aus dieser kontinuierlichen Sicherheit des Alltags als auch das sich Aussetzen von Risiken, die die Unversehrtheit des Körpers bedrohen, so wie es beispielsweise in Extremsportarten des Öfteren vorkommt. Dieses Risiko wird allerdings in Kauf genommen, um nach der Erfüllung des Wunsches, die Grenzen der eigenen Identität zu sprengen und Subjekttranszendenz herzustellen, zu streben.

So lässt sich an diesem Punkt zu den ersten erarbeiteten Charakteristiken von Erlebnis (Außeralltäglichkeit und iterative Limitation) noch eine weitere hinzufügen: die **doppelte Transzendenz**. Hiermit ist gemeint, dass zu der charismatischen Transzendenz, die in der Eigenschaft des Außeralltäglichen zu finden ist, eine weitere Form hinzukommt: die Transzendenz des Subjekts. Das **charismatisch Transzendente** ist die strahlende Anziehungskraft (charismatische Herrschaft), die ausgeübt wird und eine (unbewusst operierende) außerweltliche und von den profanen Fesseln befreiende Referenz herstellt, die ebendiese irrationale Gravitation hervorruft. Dem gegenüber ist die **Subjekttranszendenz** zu finden; gemeint ist ein mentaler Zustand, in dem die Grenzen des Subjekts in die Umwelt transzendieren. Das *Ich* spielt in der Wahrnehmung des Erlebenden eine untergeordnete Rolle und das Streben nach diesem Zustand wird von dem Wunsch, die ungetrübte Harmonie zu erleben, getrieben und durch die charismatische Gravitation komplementiert.

Die Interviews liefern uns Hinweise darauf, dass diese Subjekttranszendenz beim Erlebnis im Verbund mit dem *Außeralltäglichen* zu finden ist. Diese Transzendenz wird

---

252 Vgl. Kapitel 2.2.2 und 2.3.2.

253 Balint: Angstlust und Regression, S. 73.

254 Diese Deutung entspricht dem Konzept, das im empirischen Teil zu finden ist. Der Alltag wird als Sicherheitsgenerator verstanden, wohingegen der Bungee-Sprung ins Ungewisse ein Ausbruch aus ebendiesem Sicheren bedeutet. Vgl. Kapitel 2.2.

vom *Außeralltäglichen* gefördert, jedoch gibt es eine weitere Komponente, die erstens im Erlebnis zu finden ist und zweitens die Subjekttranszendenz unterstützt. Diese wird im Folgenden Abschnitt näher beleuchtet.

3.5 Erlebnis und Flow

3.5.1 *Flow* und Außeralltäglichkeit

Aus den Analysen der Interviews gingen weitere Merkmale hervor, die unter dem Schema der Fokussierung subsumiert wurden. Hierbei zeigte sich, dass die Wahrnehmung der Springer/innen während des Sprunges gerichtet, limitiert und modifiziert zu sein scheint. Um diese Aspekte eingehend und theoretisch zu beleuchten soll im Folgenden das *flow*-Konzept[255], das 1975 von Mihaly Csikszentmihalyi vorgestellt wurde, betrachtet werden. Da die Beschreibung von *Flow* gleichfalls eine Beschreibung einer Erlebnisqualität ist, ist sie für eine Theorie von Erlebnis von essentieller Bedeutung; darüber hinaus wird die psychoanalytische Ergänzung zur außeralltäglichen Charakterisierung von Erlebnis durch das flow-Konzept komplementiert.
Die Ausgangsfrage des Autors bezieht sich auf Motivation und welche Unterschiede sich bezüglich extrinsischer und intrinsischer Motivativationsformen bei Handelnden erkennen lassen. Extrinsische Formen der Motivation sind die Regel[256], so Csikszentmihalyi. Die Häufigkeit dieser Art von Motivation führt zu einer Standardisierung der (extrinsischen) Belohnung und überdies zu einer Entfremdung der Tätigkeiten von inneren Motivationsmustern, da sich diese allein über eben diese äußere Belohnung legitimieren[257]. Demzufolge sind Tätigkeiten (wir sprechen hier hauptsächlich von Arbeit im Berufsleben, die mit Lohnzahlung vergütet wird) abgesehen von diesem Lohn entfremdet, abstrakt und sinnlos[258]. Hieraus folgt eine Art Konditionierung für eine Form der Kompensation, die den Aufwand von Tätigkeiten extern belohnt[259]. Das Interesse gilt nun Tätigkeiten, die auf den ersten Blick keine, jedenfalls keine externe oder konventionelle Belohnung liefern und für die ein hohes Maß an Energie aufgewendet wird[260]. Diese autotelischen Aktivitäten (Spiele, Sport, Tanzen usw.) bieten eine Form der intrinsichen Belohnung, die sich in Form von inneren Erlebniszuständen bemerkbar macht. Diese Form der intrinsischen Belohnung geht

255 Vgl. Csikszentmihalyi, Mihaly: Das flow-Erlebnis. Jenseits von Angst und Langeweile. Im Tun aufgehen. Stuttgart, 7. Aufl. 1999.

256 Vgl. Csikszentmihalyi: Das flow-Erlebnis, S. 19ff.

257 Vgl. ebd, S. 22f.

258 Vgl. ebd.

259 Vgl. ebd.

260 Csikszentmihalyi: Das flow-Erlebnis, S. 30.

verloren, wenn für dieselbe Tätigkeit eine extrinsische hinzukommt[261]. Ein Charakteristikum autotelischer Handlungen ist der Selbstzweck[262], die *Sinnreferenz* ist in einem solchen Falle nicht extern bestimmt. Die Definition des *Autotelischen* ist in Bezug auf andere Kategorien insofern indifferent, als dass sie ein Maß für Autotelik aufweist, folglich graduell ist. Die intrinsische Motivation ist eine Erlebnisqualität des Spaßes oder der Freude und dies tritt genau dann auf, „wenn diese [Aktivität] ein Stimulationsmuster mit sich bringt, das sich für die betreffende Person vom Gewohnten abhebt."[263] Das *flow*-Konzept basiert demzufolge ebenfalls auf einer Form des Ausbruchs aus dem Alltag und ist hiernach für eine Spezifikation des Erlebnisbegriffes optimal. Autotelische Aktivitäten werden jedoch lediglich am Rande thematisiert; diese sind zwar notwendig, jedoch nicht hinreichend für das *flow*-Erlebnis; es macht das „besondere Erleben" und das theoretische Modell der „Freude am Tun"[264] zum Thema. Beim *autotelsichen Erleben* tritt weder Angst noch Langeweile ins Bewusstsein, „in der Schwebe zwischen Langeweile und Angst ist das autotelische Erleben eines des völligen Aufgehens des Handelnden in seiner Aktivität."[265] Dieses völlige Aufgehen ist eine Erfahrung, die (wie gezeigt werden wird) außeralltäglich ist. Der f*low*-Zustand wird von Csikszentmihalyi wie folgt definiert:

> Im *flow*-Zustand folgt Handlung auf Handlung, und zwar nach einer inneren Logik, welche kein bewusstes Eingreifen von Seiten des Handelnden zu erfordern scheint [!]. Er erlebt den Prozeß als ein einheitliches >>Fließen<< von einem Augenblick zum nächsten, wobei er Meister seines Handelns ist und kaum eine Trennung zwischen sich und der Umwelt, zwischen Stimulus und Reaktion, oder zwischen Vergangenheit, Gegenwart und Zukunft verspürt.[266]

Flow zeichnet sich demzufolge durch einen spezifischen Bewusstseinszustand aus, der sich signifikant von einem alltäglichen unterscheidet; da das Erleben selbst in einer Form geschieht, in der sich die Grenzen des Subjekts trüben und es mit der Umwelt zu verschwimmen scheint. Handlung und Bewusstsein amalgamieren zu einer Einheit, dualistische Perspektiven im Allgemeinen sind aufgehoben und das Subjekt transzendiert und verschmilzt mit der Welt[267]. Dieser außeralltägliche Zustand

---

261 Vgl. ebd, S. 42f.

262 In wie weit der Begriff Selbstzweck zur Gänze adäquat ist, bliebe noch zu erörtern, da die Motivationsquelle zwar innerhalb des Subjekts, nicht jedoch innerhalb der Handlung zu finden ist.

263 Csikszentmihalyi: Das flow-Erlebnis, S. 47.

264 Vgl. ebd, S. 58.

265 Ebd.

266 Ebd., S. 59.

267 Vgl. Csikszentmihalyi: Das flow-Erlebnis, S. 61.

tritt nur unter spezifischen Voraussetzungen ein; elementar ist eine (fast) unbewusste Form der Kontrolle über die Umwelt, stringente und eindeutige Handlungsanforderungen an das Subjekt und unmittelbare Ruckmeldungen der Effekte, die aus den Handlungen resultieren[268].
Diese Situation stellt demnach in ihrem dynamischen Zustand permanente Anforderungen an den Handelnden, diese dürfen jedoch weder zu hoch noch zu niedrig sein. Der Handelnde ist dauerhaft gefordert und wird aufgrund dieses Umstandes zum Weitermachen *gezwungen*. Eine Unterforderung riefe ein Abschweifen des Bewusstseins hervor (Langeweile)[269], durch eine Überforderung hingegen, müsste der Proband kognitiv aktiv werden und verfiele so einem ängstlichen Zustand, der den *Flow*-Zustand ebenfalls stören würde.[270] Hierbei ist es auf der Hand liegend, dass keine festen und objektiven Grenz- und Schwellenwerte definiert werden können, da solche subjektiv sind und sich ebendiese bei jedem Menschen anders positionieren. Um *Flow* zu erleben ist es also notwendig, die Parameter individuell so anzupassen, dass sich Beanspruchung und Fähigkeit die Waage halten; hierzu muss, bei fehlendem Gleichgewicht entweder die eigene Fertigkeit oder die Umwelt, also der Schwierigkeitsgrad der Tätigkeit, angepasst werden.[271] Die Konzentration, die erforderlich ist, um *Flow* aufrecht zu erhalten, ist - ungleich der Beanspruchungen außerhalb dieses Zustandes - nicht anstrengend, sondern operiert gleichfalls im Hintergrund.[272]
Dieser Zustand begrenzt die Wahrnehmung des Handelnden auf die Situation als solche, der *Verstand* wird ausgeschaltet und die kognitive Leistung besteht lediglich darin, eine dynamische Balance zwischen Perzeption und der (unbewussten) Handlungskontrolle persistent zu halten.

> Dank der Einschränkung des Stimulusfeldes ermöglicht eine *flow*-Aktivität dem Ausübenden, seine Handlungen zu konzentrieren und Ablenkungen außer Acht zu lassen. Dies führt zum Gefühl der potentiellen Kontrolle über die Umwelt. Weil die *flow*-Aktivität klare und widerspruchsfreie Regeln aufweist, erlaubt sie ein vorübergehendes Vergessen der eigenen Identität mit allen damit verbundenen Problemen. Das Ergebnis all dieser Faktoren ist, daß man den Prozess

Vgl ebenf. Kapitel 2.2.2

268 Vgl Csikszentmihalyi: Das flow-Erlebnis, S. 70f.

269 Diese Unterforderung lässt sich mit der Gewöhnung des Vielspringers vergleichen. Im Flow ist es die Langeweile die das Erlebnis schwächt, im Erlebnis selbst ist es hingegen die Außeralltäglichkeit, die verloren geht.

270 Vgl. Csikszentmihalyi: Das flow-Erlebnis, S. 76.

271 Vgl. ebd, S. 79.

272 Vgl. ebd, S. 94.

intrinsisch belohnend findet.[273]

Diese *intrinsische Belohnung* - oder der *flow*-Zustand an sich - ist ein *Erleben* des *Außeralltäglichen*, da die gewohnten Grenzen der eigenen Identität in den Hintergrund gerückt werden und auf diese Weise Alltägliches kurzzeitig in Vergessenheit gerät. Diese Muster sind in den Analysen der Interviews erkennbar; der Alltag wird verdrängt und darüber hinaus schwindet die Notwendigkeit, die Subjektgrenze aufrechtzuerhalten[274].

Ein weiteres nicht zu vernachlässigendes Element von *Flow* (und demzufolge von Erlebnis) ist das Zeitempfinden, das der Wahrnehmung des Zustandes innewohnt. Die Zeit verläuft in anderer Geschwindigkeit oder scheint nicht zu existieren; die Situation eines erreichten *Flow*-Zustandes ist in ihrer Wahrnehmung, außerhalb des objektiven Zeitraums[275]. Erfahrungsberichten zu Folge, vergeht die Zeit im Allgemeinen zwar schneller, doch werden Augenblicke und Momente wesentlich intensiver erlebt, was einen Moment in der Wahrnehmung gedehnter, länger oder ausgeprägter erscheinen lassen kann.[276] Nicht ausschließlich die Zeit, das komplette Alltagsleben (das weltliche) wird aus der Wahrnehmung ausgeschlossen[277]. Die Aufmerksamkeit ist auf ein spezifisches und salientes Stimulusfeld gerichtet, ein Zustand, in dem die Wahrnehmung sowohl auf die eigene Handlung als auch auf die dynamische Reaktion verlagert ist. Andere sonst wahrnehmbare Dinge (Äußeres, wie die Temperatur und Inneres, wie die Erinnerungen) sind weitestgehend exkludiert. Dies führt zu einer Transzendenz der Subjektgrenzen, es – das Subjekt – verschmilzt mit der Handlung und der Umwelt[278]. „Das *flow*-Erlebnis erweist sich als das psychologische Korrelat dieses kinästhetisch-kognitiven Prozesses“[279] Die physische und geistige Beteiligung ist total, aus diesem Grunde findet hier auch nichts anderes (Extrinsisch-Ablenkendes) seinen Platz. Nehmen die Handlungsmöglichkeiten jedoch ab, wird das Bewusstsein wieder *frei* für andere Stimuli und der *flow*-Zustand wird durch Ablenkung gebrochen. Das Subjekt erfährt auf Grund dieser totalen Auslastung eine Kompetenz- und Existenzbestätigung, was die innere Motivation für Tätigkeiten ohne extrinsische Motivation, deutlich anhebt.

---

273 Csikszentmihalyi: Das flow-Erlebnis, S. 74.

274 Vgl. Kapitel 2.2.2.

275 Vgl. Csikszentmihalyi: Das flow-Erlebnis, S. 94.

276 Vgl. ebd, S. 152; 170.

277 Vgl. ebd, S. 110ff; 169f.

278 Vgl. ebd, S. 116; 175.
Vgl. ebenf. Kapitel. 2.2.2 und 3.4.

279 Csikszentmihalyi: Das flow-Erlebnis, S. 117.

3.5.2 Das Flow-*Erlebnis*[280]

Für Csikszentmihalyi steht die intrinsische Belohnung autotelischer Tätigkeiten im Mittelpunkt[281]. Diese intrinsische Belohnung ist ein mentaler Zustand, der durch den beschriebenen Flow herbeigeführt werden kann. Das Phänomen des *Flows* tritt in einer Dialektik in Erscheinung, die sich zwischen Angst und Langeweile befindet. Das Bewusstsein verschmilzt mit der Handlung und führt zu einer Transzendenz des Subjektes. Dieser Zustand wurde im vorangegangenen Kapitel aus der Sicht der Psychologie geschildert und ist eines der Hauptcharakteristiken von *Flow*. Innerhalb des *Flows* ist Anstrengung, sei sie physisch oder psychisch, sekundär; von Bedeutung ist lediglich der nächste Schritt, der wiederum zum nächsten führt. Die Beschreibung der Dynamik des Aufrechterhaltens von *Flow* öffnet uns die Türe für ein ausgereifteres Verständnis des Charakteristikums der *iterativen Limitation*. Bei steter Wiederholung verliert eine Handlung/Erlebnis an Außeralltäglichkeit, da eine Integration in das Alltägliche (Akkomodation) vonstattengeht[282]; dies ist äquivalent zur Langeweile innerhalb des *Flows*. Langeweile entsteht, wenn die Fertigkeiten über dem angeforderten Niveau liegen oder die Anforderungen abnehmen (die Handlungsmöglichkeiten sinken). Bei andauernder Wiederholung wächst bis zu einem gewissen Grade die Fertigkeit; dies verhindert Flow und verringert das Außeralltägliche; demzufolge müssten die Anforderungen wieder erhöht werden um Flow zu ermöglichen.

Innerhalb des Flows ist die Aufmerksamkeit zur Gänze sowohl auf die Handlung als auch auf die Umwelt (beziehungsweise die Rückmeldungen aus dieser) gerichtet; es bleibt kein Raum für das Subjekt oder seine Grenzen. Im *Flow* konvergiert demzufolge das Außeralltägliche mit dem Erleben, *Flow* macht, um in dieser Perspektive zu verharren, das Außeralltägliche erlebbar. Ebenfalls die Wahrnehmung von Zeit fällt aus dem Alltäglichen heraus, sie ist im Flow von der objektiven oder weltlichen Zeit abgekoppelt; in der retrospektiven Betrachtung schien sie schneller zu vergehen, jedoch sind Momente intensiver erlebbar und scheinen sich ausgedehnt zu haben. Während des Erlebens scheint Zeit nicht zu existieren, sie wird aus der Wahrnehmung exkludiert. Ebendies lässt sich in den Interviews der Erstspringer erkennen; Zeit ist zur Gänze abstrakt, das subjektive Erleben und die objektiv verstrichene Zeit divergieren in hohem Maße. Erneut zeigt sich im Erleben ein Gegenpol zum Weltlichen und zum Alltäglichen, denn in diesen wird die subjektive Zeit permanent mit der objektiven synchronisiert.

---

280 Nach dem gleichnamigen Titel des Buches: Csikszentmihalyi: „Das flow-Erlebnis."

281 Quellen: siehe Zitation im vorhergegangenen Kapitel.

282 Vgl. Kapitel 2.3, 3.3.2 und 3.3.3.

Der Zugang zu diesem Zustand wird bei Balint durch Progression gewährleistet oder gefördert; hiermit ist sowohl Bewegung als auch Entwicklung und Ausbau der Fertigkeiten gemeint. Bei Csikszentmihalyi ist die Grundlage für Flow ein schmaler Grat, der zwischen Anforderungen und Fertigkeiten gefunden werden muss. Beide formulieren demzufolge eine Form der Subjekttranszendenz und gleichfalls ein Zugangsmuster; der Unterschied liegt lediglich in der Perspektive und dem Anwendungsfeld. Schlussendlich wird von Csikszentmihalyi eine Fokussierung des Stimulusfeldes angesprochen, der Alltag und das „Ich" werden exkludiert und die Aufmerksamkeit ruht auf der Identität mit der Umwelt und seinen Anforderungen. Umwelt kann in diesem Falle auch ein Tun bedeuten. An dieser Stelle lässt sich ein weiteres Charakeristikum des Erlebnisses präzisieren, die **Fokussierung**. Unter Fokussierung wird eine gerichtete, limitierte und modifizierte Wahrnehmung verstanden. Gerichtet ist sie auf die Einheit des Subjekts mit seiner Umwelt oder mit der Handlung. Limitiert ist das Stimulusfeld, da es lediglich aus eben dieser Einheit und den Anforderungen, die diese an das Subjekt stellt, besteht. Modifiziert ist (insbesondere retrospektiv) die Wahrnehmung der Zeit, da diese entweder verzerrt ist oder überhaupt nicht mehr existiert. Ebenfalls diese Komponenten, finden sich in den Analysen der Interviews[283].

3.6 Übersicht

Zusammenfassend sind an diesem Punkt vier Hauptkomponenten des Erlebens identifiziert und expliziert worden. Die datenzentrierten Ergebnisse legten den Grundstein für die theoretischen Erläuterungen. Mit Hilfe dieser beiden Stützpfeiler gelang eine bungee-zentrierte Erlebnisabstraktion. Die aus den Daten gewonnenen Ergebnisse sind selbstredend in erster Linie auf Bungee bezogen, dennoch weisen die Schilderungen der Interviewten auf ein Phänomen hin, das unabhängig von Bungee zu existieren scheint. Diese These wird von der theoretischen Fundierung gestützt, da sich beide Stützpfeiler zu einer Konzeption von *Erlebnis* abstrahieren lassen. Dieser Umstand kann als Hinweis darauf verstanden werden, dass Erlebnisse spezifische Grundmuster in sich tragen, die beim Subjekt in bestimmter Art und Weise wirken.

In der folgenden Tabelle sind die erarbeiteten Komponenten zusammengefasst:

---

283 Vgl. Kapitel 2.2.3.

Komponente	Deutung	Theoretische Begründung
Außeralltäglichkeit	Negation und Verdrängung des Alltags.	Max Weber → Charisma/Außeralltäglichkeit
Iterative Limitation	Wiederholung mindert das Erlebnis / den *Flow*, bei mangelnder Anpassung.	Max Weber → Charisma Mihaly Csikszentmihalyi → *Flow*
Doppelte Transzendenz	Im Erleben ist das Erlebnis selbst und das Subjekt transzendent.	Max Weber → Charisma Michael Balint → Thrill
Fokussierung	Rezeption ist limitiert auf Subjekttranszendenz. Zeitempfinden ist modifiziert oder ausgeschaltet.	Mihaliy Csikszentmihalyi → Flow

4 Das Schicksal und das Ritual

Aus den geführten Interviews, lassen sich weitere unbewusste Figuren entnehmen, die nun beschrieben und gedeutet werden. Zum einen sind es Komponenten des Rituals, die sich bei den Springenden manifestieren und zum anderen findet sich eine Figur ordalischen Charakters.

4.1.1 Die Figur des Schicksals

Die erste Figur, die sich beim Bungee-Springen identifizieren lässt, ist eine Figur, die mit einer Vorstellung von Schicksal in Verbindung steht. Diese Vorstellung ist auf das Risiko[284] zurückzuführen, das von den Springern eingegangen wird. Risiken werden immer aktiv *eingegangen* und stehen somit in engem Verbund mit dem Handeln – also der Entscheidung zu Springen. Während des Sprungs findet sich eine Sequenz, die Ursprung dieses Risikos ist. Von ihr geht ein Momentum aus, das für das Subjekt nicht kalkulierbar ist. Dieser Kontrollverlust (das Unkalkulierbare) findet zum einen im Sturzflug selbst und zum anderen in der technischen Sicherung des Seils seine Herkunft und führt, wie oben erläutert wurde zum Thrill, die als Angstlust bezeichnet wird[285]. Die Angstlust begründet eines der Motive, wieso sich viele Menschen häufig in riskante Situationen begeben. Ein weiteres ebenfalls psychologisches Motiv findet seinen Ursprung in der Gunstbezeugung des Schicksals, welches ebenfalls dem Risiko entspringt.

---

284 Risiko ist ein Begriff, der Etymologisch von Wagnis und Gefahr abzuleiten ist (span. Risco ist Klippe, Gefahr). In der Unterscheidung zu dem Wort Gefahr erlangt Risiko in diesem Kontext Geltung. Definiert wird Risiko als das Moment, das beim und durch Handeln entsteht, wohingegen Gefahr ein Momentum ist, dem die Betroffenen ausgeliefert sind. Der Aspekt des „Risiko Eingehens" ist in diesem Fall von elementarer Bedeutung und setzt eine Form der Kalkulation voraus.
Vgl. Kluge, Friedrich: Etymologisches Wörterbuch der deutschen Sprache. Bearbeitet von Elmar Seebold. Berlin, Boston, 25. durchg. u. erw. Aufl. 2011, S. 769.
Vgl. Luhmann, Niklas: Risiko und Gefahr. In: Krohn, Wolfgang (Hg.); Krücken, Georg (Hg.): Riskante Technologien: Reflexion und Regulation. Einführung in die sozialwissenschaftliche Risikoforschung. Frankfurt a. M. 1993, S. 139ff.
Vgl. Luhmann, Niklas: Soziologie des Risikos. Berlin, New York 1991, S. 19ff.

285 Vgl. Kapitel 3.4

Interview 1:
54B kontrolle hast du in dem moment ä nicht viel des
55 heißt du kannst nur drauf achten das eben grade mit
56 körperspannung runterkommst ähm (2,5) und ja des
57 andere is dann is dann sache des seiles der der
58 sicherung äh dann kann man nur noch kontrollieren
59 wenn man wieder im rebound nach oben schießt das du
60 eben dich nicht im seil verhedderst

Diese Schilderung macht deutlich, dass sich das Subjekt während eines Bungee-Sprunges unterwirft; zwar sollte auf ein einige Dinge geachtet werden, wie die Körperspannung (Zeile 56) oder die Meidung des Verhedderns im Seil während des Rebounds (Zeile 60), dennoch ist es eine freiwillig herbeigeführte Demontage der Kontrolle über das Schicksal des Subjekts selbst. Der Ausgang der Situation oder besser des Sturzes ist schlussendlich *Sache des Seils und der Sicherung* (Zeile 57f). Zwischen dem realen Todesrisiko und einem weiteren Leben nach dem Sprung stehen lediglich technische Komponenten und entscheiden über eben diesen Ausgang. Dieser Umstand sollte, der menschlichen Intuition folgend, Unbehagen oder Angst auslösen. Solche Überlegungen sollten darüber hinaus dazu führen, dass Menschen sich gegen einen solchen Sprung entscheiden. Doch gerade dies scheint nicht der Fall zu sein; nicht nur dass Springern dies nichts auszumachen scheint, hinzu kommt, dass es (insbesondere retrospektiv) sogar „beflügelnd“ zu wirken scheint. Sowohl in diesem, als auch in den anderen Interviews[286] werden Glücksgefühle angesprochen, die nach dem Sprung in Erscheinung treten.

Interview 1:
123I Okay äm danke erstmal hierzu wie fühlst du dich
124 jetzt nach dem Sprung?

125B Ich fühl mich gut ä ich war jetzt grade fast bis
126 jetzt noch eigendlich ziemlich glücklich darüber
127 [lach] das alles gut gegangen is ich hatte meinen
128 spaß und ich freu mich auf mein nächsten sprung

Der Vielspringer beschreibt, dass er sich gut fühle (Zeile 125) und in direktem Anschluss hieran, dass er glücklich darüber sei, dass alles gut gegangen sei (Zeile 126f). In diesem Fall liegt die Deutung nahe, dass die beiden Aussagen in engem Zusammenhang zu einander stehen. Hieraus ist ebenfalls folgerbar, dass die empfundene Freude dem Umstand zu verdanken ist, dass die technischen Hilfsmittel so funktio-

286 Vgl. Kapitel 2.2.

niert haben, wie es vorgesehen war; nämlich den durch einen Aufprall herbeigeführten Tod zu verhindern. Dies ist einerseits zwar sehr erfreulich, dennoch meldet sich andererseits eine Art Paradoxon zu Wort: ein Subjekt setzt sich willentlich einer riskanten Situation aus und erfreut sich nachfolgend über den positiven Ausgang. Es scheint durchaus gerechtfertigt, diesen Umstand gründlich zu hinterfragen. Am naheliegendsten wäre eine Antwort, die sich darauf beriefe, dass Bungee-Sprünge heutzutage ungefährlich wären. Dies ist sicherlich nicht von der Hand zu weisen, dennoch zeigt sich hier eine Art unbewusste Figur: Der Sturz Richtung Erdoberfläche suggeriert, auch wenn dieser technisch abgesichert ist, Todesnähe; ebendiese Todesnähe scheint nun Euphorie und Freude auszulösen[287]. Die Frage warum dies so ist, ist Thema des folgenden Abschnitts.

4.1.2 Die Lust am Risiko – warum sich Menschen in den Abgrund stürzen

Auf die Frage, warum Menschen Risiken eingehen, sich Gefahren aussetzen oder die (symbolische) Nähe zum Tod suchen, findet der Soziologe und Anthropologe Le Breton seine ganz eigene Antwort; diese soll im folgenden Abschnitt erläutert werden. Betrachtet wird Risikoverhalten, das im Rahmen des „Nutzlosen" stattfindet, ähnlich dem Spiel, wie es von Huizinga definiert wurde.[288] Ausgangspunkt ist hierbei eine Gesellschaft, die sich in einer Art „Wertekrise" befindet, Individuen sind auf Grund des stark erweiterten Handlungsspielraumes, welcher differente Wertekonzepte mit sich bringt, auf sich allein gestellt, wenn es darum geht, sich in der Gesellschaft zu verorten und *Sinn* für ihr persönliches Leben zu finden.[289] „Da die symbolische Ordnung ihm keine Sinnschranken mehr setzt, will das Individuum erfahren, wo seine Schranken liegen, und zwar konkret, tatsächlich."[290]

Das Analysemuster bildet eine Analogie zum Ordal, dem Gottesurteil[291]; dieses ist ein rituelles Gerichtsverfahren mit langer *Tradition* menschlicher Geschichte. Dem ursprünglichen Ordal wird ein holistisches Weltbild zugrunde gelegt, in dem menschliches Handeln eifersüchtig von Göttern überwacht wird und in welchem auf jede menschliche Handlung eine gottgewollte, deterministische Konsequenz folgt[292]. Das Ordal findet in einer solchen Gesellschaft bei rechtlichen Auseinandersetzungen, die einer Klärung bedürfen, Anwendung. Durch ein spezifisches Ritual, das gleichfalls

287 Vgl. Ausführungen über Thrill Kapitel 3.4.

288 Vgl. Ausführungen im Kapitel 3.4.1.

289 Vgl. Le Breton: Lust am Risiko, S. 36ff.

290 Ebd, S. 38f.

291 Vgl. Weber: Wirtschaft und Gesellschaft, S. 836.
Und: vgl. Le Breton: Lust am Risiko, S. 16, 17.

292 Vgl. ebd, S. 17.

als Prüfung bezeichnet werden kann, wird der Wille der Götter / des Gottes ermittelt und hierdurch eine Bestrafung festgelegt. In vielen Fällen starben die Menschen bei dieser Prüfung, was durch das Konvergieren von Prüfung und Urteil legitimiert wurde. Ein bekanntes Ordal ist beispielsweise die Feuerprobe: hierbei wird die Unschuld eines der Delinquenz Beschuldigten durch das Ausmaß seiner Brandverletzungen beurteilt, die er aus der Prüfung davon trägt; der Beschuldigte wurde in einer bestimmten Art und Weise dem Feuer ausgesetzt, trug er keine Brandwunden davon, war er unschuldig. Der zu unrecht Beschuldigte ging nun mit dem Urteil Gottes in eine gestärkte und legitimierte Position in der Gesellschaft ein.[293]
Zweifelsfrei stellen sich die Fragen, wie das erstens mit der modernen Welt und Gerichtsbarkeit in Zusammenhang steht und zweitens, in wie weit das darüber hinaus mit Extremsport oder in unserem Falle Bungee-Jumping in Verbindung zu bringen ist. Erfreulicherweise findet in modernen Justizsystemen das Ordal keine Anwendung mehr, der Anlass für die Analogie liegt in einer sinngenerierenden Komponente, die das Ordal in sich trug oder trägt, denn „wer die Todesprüfung besteht, erwirbt ein Zeugnis, das zum Leben berechtigt."[294] Beim klassischen Ordal zeichnete sich diese „Berechtigung" eher gesellschaftlich und kollektiv aus, wohingegen heutzutage diese Sinnstiftung primär subjektiv generiert wird. Es geht um das Muster, das Veranlassung gibt, einen analogen Schluss zu ziehen: Durch einen glücklichen Ausgang einer ungewissen Situation (oder Handlung) wird Sinn erzeugt.

> Das moderne Ordal ist eine unbewusste Figur, ist nicht länger ein sozialer Ritus, sondern ein individueller Übergangsritus. Es setzt eine atomisierte Gesellschaft voraus, die sich in einer Legitimations- und Ordnungskrise befindet. (...) Entkommt er [der Akteur] der Gefahr, in die er sich freiwillig begeben hat, erbringt er den Beweis, daß sein Leben Sinn und Wert hat.[295]

Hierbei sind zwei Punkte von zentraler Bedeutung; essenziell ist zum einen die Charakteristik, einer Situation ausgeliefert zu sein, in der die Kontrolle nicht mehr ausschließlich oder sogar gar nicht mehr beim Subjekt liegt[296], das Leben ist in Folge dieses Kontrollverlustes in die Entscheidungsgewalt des Schicksals gelegt. Es wird

---

293 Vgl. Le Breton: Lust am Risiko, S. 17.

294 Ebd, S. 15.

295 Ebd, S. 18.

296 Die willentliche Herbeiführung eines Kontrollverlusts scheint eine paradoxe Antwort auf das Streben unserer Gesellschaft nach Sicherheit und Kontrolle zu sein.
Vgl. Le Breton: Lust am Risiko, S. 65, 66ff.

demnach außerhalb des Subjekts entschieden, ob es das ihm geschenkte Leben weiterführen darf; ist die Prüfung bestanden, taucht „der symbolische Sieg über den Tod ... das Leben danach in das Licht neu erstrahlender Berechtigung und erweckt ein intensives Lebensgefühl."[297] Zum anderen ist es in unserer *abstrakten* Zeit und der Zeit der Symbole hinreichend wenn die Todesnähe symbolischer Art ist; in der sekuritätsorientierten Gesellschaft ist die reale Todesnähe der symbolischen untergeordnet[298]. Es ist das Spiel mit dem Risiko, nicht die vorsätzliche Herbeiführung des Todes, die den ordalischen Charakter in sich trägt. Nach le Breton offenbaren sich verschiedene Figuren des modernen Ordals[299], in unserem Kontext ist insbesondere die Kategorie *Vertigo* von Bedeutung. Vertigo ist vergleichbar mit der Erscheinungsform *Ilinx*, die beim Spiel zu finden ist[300]. Es ist der Rausch, die Geschwindigkeitsmanie, das Schweben oder die Toxikomanie, die diese Art des Rausches ausmacht. Die „Lust am Taumel" und der „Rausch der Sinne"[301] rufen nach Le Breton eine Umwälzung des Selbst hervor. Diese Umwälzung mündet in einem tranceartigen Betäubungszustand[302]. Dieser Zustand scheint nun durchaus mit dem hier vorgestellten Erlebniskonzept vergleichbar. Dennoch behandelt dieser Abschnitt eine Form der Motivation sich Risiken auszusetzen; diese Motivation liegt nun in der sinnstiftenden Komponente, die aus der (symbolischen) Todesnähe hervorgeht, denn „nur im Schatten des Todes weht jener Hauch von Sinn, der kurzweilig das Leben beseelen kann."[303] Le Breton spricht von einem symbolischen Existenzgarantievertrag, der mit dem Tode geschlossen wird, aus dieser überstandenen Gefahr geht eine Form des Allmachtgefühls hervor, da Tod besiegt wurde.

> Die Grenzen des Selbst dehnen sich weit aus, und die dabei empfundene Freude bildet einen Akkord mit der eingegangenen Todesgefahr, auch dann, wenn die Berührung mit dem Tod in der gemilderten Form der Metapher angesprochen wird.[304]

Der ordalische Charakter ist den Handelnden heute in der Regel wohl keinesfalls bewusst, dennoch wird ein Urteil über das Weiterleben gefällt und eine gesteigerte

---

297 Le Breton: Lust am Risiko, S. 17.
298 Vgl. ebd, S. 22.
299 Vgl. ebd, S. 19-32.
300 Siehe Kapitel 3.4.1.
Und: Caillois: Die Spiele und die Menschen, S. 19, 21-36.
301 Le Breton: Lust am Risiko, S. 20.
302 Vgl. ebd.
303 Le Breton: Lust am Risiko, S. 21.
304 Ebd, S. 22.

Lebensberechtigung erworben[305] und genau hierin ist die Analogie begründet. Diese Grundfigur findet sich, so Le Breton, in jedem riskanten Verhalten, das nicht darauf aus ist, willentlich und absolut den Tod herbeizuführen[306].
Um dieses Konzept nun auf Bungee-Jumping anzuwenden ist nicht allzu viel nötig. Ein Sprung, der in ein Fallen mündet, bei welchem der Fallende gen Erdoberfläche rast – und das Kopf voraus, ist zweifelsfrei ein – dem Subjekt suggerierter – Todessturz; ein symbolischer Tod. Diese freiwillig eingegangene symbolische Todesnähe hat unbestreitbar genau diesen ordalischen Charakter. Der Springer übergibt sich dem Schicksal, dem Lauf der Dinge und erfreut sich bei bestandener Prüfung einer gestärkten Lebenslegitimation. Wenn Extremsportler nun von den extremen Glücksgefühlen sprechen, von denen sie nach einem solchen Ereignis durchflutet werden, so könnte dies die Euphorie sein, die durch das gefällte Urteil und die dadurch neu gewonnene und gesteigerte Lebenslegitimation hervorgerufen wurde.

```
Interview 2.1
77B   (1,5) ja man war auf einmal so ganz glücklich und
78    zufrieden irgendwie, des war so - gut du fällst
79    nicht raus [lacht] is alles sicher, {lachend} es war
80    schön
```

4.1.3 Die Figur des Rituals

Möglich ist es, dass Bungee zum reinen Vergnügen am Erlebnis praktiziert wird; dem ist jedoch gegenüber zu stellen, dass es eine Tendenz zu geben scheint, die über ein hedonistisches Konzept hinausgeht. Erkennbar ist ein strukturelles Merkmal, das sich abzeichnet und mehr zu bedeuten scheint als der reine Spaß an der Sache selbst.

```
Interview 2.1:
133I  ä was glaubst du wos herkommt?

134B  wos herkommt? (1) wahrscheinlich aus einem der
135   urvölker (1,5)

136I  okee - glaubst du es hat irgendwie ne besondere
137   bedeutung?

138B  also ich de also wenn ich jetzt ich weiss jetzt
139   leider nich mehr wie dieses naturvolk heisst aber da
140   gibts ja auch äm - diesen turm den sie ja bauen - wo
141   ja irgnd - da wird man dann zum mann oder wie au
```

305 Vgl. Le Breton: Lust am Risiko, S. 41 -50.

306 Vgl. ebd, S. 18.

[stockt] irgendwie keine ahnung in die gesellschaft
aufgenomnmen oder man zeigt dadurch dass man jetzt
einfach zum mann wird wo ja auch die männer ja von
unten runterspringen - an so seilen nur dass es nich
unbedingt federt [starkes lachen] so des is jetzt
vielleicht so wie son (2) wie son einweihen eines
neues [stockt] ein ein neuen lebensabschnittes is
vielleicht soetwas

I und glaubst du dass es äm hier bei uns auch so etwas
- so etwas oder soetwas ähnliches bedeuten könnte?

B hier? - ich denke mal dass e dass es sicherlich
viele leute gibt - äm die des dafür nutzen (.5) also
zum beispiel um sich [stockt] irgnd keine [stockt]
einfach mal über sich selbst hinaus zu wachsen -
etwas zu - ä zu wagen was sie jetzt so normalerweise
jetzt nicht gemacht hätten [lufthol] n inneren
schweinehund überwinden [undeutlich] einfach
wirklich auf risiko gehen wobei es ja hier natürlich
sicher is aber trotzdem isses ja noch n risiko - man
kann ja nicht wissen was passieren kann - ähm (1)
und - ja ich denk mal schon dass es son gefühl davon
auf jeden fall auslöst auch wenn die intention
vorher vielleicht nicht da war dass es son gefühl
von neuanfang irgendwie mitsichbringt dass die leute
sich dann auch ganz anders vielleicht - ja im alltag
danach bewegen, oder weissichnich - keine ahnung

Diese Befragte beschreibt die Wurzeln der Bungee in einem rituellen[307] Kontext (Zeile 138-149), in dem die Menschen mit Sprüngen einen neuen Lebensabschnitt einweihen. Diese Schilderungen können derart gedeutet werden, dass diese „Ursprünge" für die Interviewte wie eine latente Konnotation auf Bungee-Jumping Einfluss nehmen. Wenn die Befragte demnach an Bungee denkt oder selbst springt, könnte sich diese Form des rituellen Kontextes im „Hinterkopf" befinden und mit in die subjektive Wahrnehmung und Deutung einfließen. Im Darauffolgenden (Zeile 153-168) wird davon gesprochen, dass es vorstellbar wäre, dass Bungee in diesem technisiertem Kontext Ähnliches bedeuten könnte. Zunächst weist nichts darauf hin, dass diese Aussage auf die Person selbst zutrifft. Jedoch wird gegen Ende der Passage (ab Zeile 163) beschrieben, dass die Befragte davon ausgeht, dass ein Gefühl von Neuanfang (Zeile 163, 166), durch einen Sprung hervorgerufen wird. Diese Aussage

[307] Vgl. nachfolgendes Kapitel über Ritual.

gewinnt dann an Plausibilität, wenn davon ausgegangen wird, dass bei der Interviewten selbst ein solches Gefühl ausgelöst wurde. Diesbezüglich passt folgender Abschnitt in den Sinnzusammenhang:

```
Interview 2.1:
81I   oke super - ähm wie fühlst du dich jetzt nach dem
82    sprung?

83B   nach dem sprung? ehrlich gesagt hätt ich erwartet -
84    dass ich weiche knie hab - (.5) aber eigentlich fühl
85    ich mich ähm - super - irgendwie jetzt kann der tag
86    irgendwie nochma [stockt] richtig gut weiter gehen
87    und - ja
```

Diese Passage deutet in gleicher Weise auf einen Neuanfang hin, der Tag kann „nochmal" *beginnen*, so lautet der erste Ansatz der Interviewten (Zeile 86), da dies jedoch nicht möglich ist, korrigiert sie sich und setzt den Tag an diesem Punkt fort. Ähnlich lässt sich der folgende Abschnitt deuten, hierbei fällt eine Art Übergang oder Grenzüberschreitung stärker ins Gewicht:

```
Interview 3.1:
112I ähm was glaubs glaubst du es könnt irgendwas
113  bedeuten? irgendwas spezielles?

114B nö

115I wenn man des macht?

116B ho des

117I für dich - für unsre gesellschaft?

118B ja ich deng a mol frei aso so so freisein halt so
119  [stockt] w w wie willn song - soo fff joa [lufthol]
120  - äää grenzen durchbrechen soch i jetzt a mol ne -
121  weil (1,5) is ja eigndlich scho irgdnwie ämol ä
122  kindheitstraum wenns du von irgnd ä mauer
123  runderspringst oder irgendwas nä des is halt
124  [lufthol] - des megst halt einfoch (.5) ne
```

Zu Beginn der Schilderung weiß der Befragte nicht darauf zu antworten, dies mag zum einen daran liegen, dass im ersten Moment keine passende Antwort parat liegt und zum anderen daran, dass die Frage auf einen komplexen und durchdringenden Sachverhalt abzielt und eine intuitive und schnelle Beschreibung sehr schwer fällt.

Das Nachharken des Interviewers führt schließlich zu einer Antwort, die ergiebig gedeutet werden kann. Zwei angesprochene Motive sind von zentraler Bedeutung. Es lassen sich das Motiv der „Freiheit“ und das des „Frei-Seins“ erkennen (Zeile 118). Die besondere Thematisierung dieses Kernpunkts spricht dafür, dass in gewöhnlichen oder alltäglichen Fällen das Moment der Freiheit nicht eingegliedert ist. Erst durch das Erscheinen des Gefühls, fällt auf, dass es sich hierbei um etwas Besonderes handelt, etwas, das eben nicht alltäglich ist. Darüber hinaus wird ebendieses Freiheitsmoment markiert durch ein Durchbrechen von Grenzen (Zeile 120). Das Überschreiten von Grenzen deutet gleichfalls auf einen Übergang hin[308], da eine Grenze zwei Bereiche voneinander trennt und ein Überschreiten oder Durchbrechen sogleich den Eintritt in einen anderen Bereich kennzeichnet. Das damit verbundene Freiheitsmoment zeichnet sich ebenfalls in folgender Passage ab:

```
Interview 4.1:
79I   oke super - äm wie fühlst du dich jetzt - nach dem
80    sprung?

81B   [lufthol] total erlei - [stockt] ja erleichtert
82    entsponnt freeii [lachende gespräche im hintergrund]
83    (4,5) ja supper - supper
[...]
114I  oke ähm [stockt] ä findest du dass bungee irgendwas
115   spezielles bedeutet? (2,5) für dich zum beispiel?

117B  (3,5) für mich? also äm m [stockt] ä bevor dass ich
118   jetzte gsprungen bin - ä einfach ähm - ja irgndwei
119   is immer der gedanke ma leut sich da unte f ma leut
120   sich da unte folln - is denkt an nix (1,5) is ff ja
121   wie soll ich song is freeii is - gedankenloos (3,5)
122   ja stürtzt ma sich da unte also irgendwei ich hob -
123   na ich hob ma da eigndlich so nie gedanken drüber
124   gmocht - na wirklich net
```

„Erleichtert“, „entspannt“ und „frei“ sind die Stichworte des ersten Abschnitts (Zeile 81-83), diese weisen allesamt auf eine Form des Übergangs hin, denn was auch immer belastend oder aufmerksamkeitsfokussierend war, scheint nun vergessen und in den Hintergrund gedrängt. Im zweiten Abschnitt (Zeile 117-124) reproduziert die Befragte bezüglich der Bedeutung von Bungee thematisch das, was sie unmittelbar davor erlebt hat. An dieser Stelle ist ebenfalls der Begriff der „Freiheit“ sowie der der „Gedankenlosigkeit“ ins Zentrum gerückt. Mehr weiß die Befragte hierzu nicht

308 Vgl. Übergangsrituale im nachfolgenden Kapitel.

zu sagen, da sie sich mit dieser Thematik noch nicht eingehender beschäftigt habe. Diese begrifflichen Schwerpunkte deuten allesamt auf eine Form von Übergang hin, ein Übergang in welchem dauerhaft oder temporär Freiheit erzeugt wird. Diese Freiheit kann erneut als Gegenstück zu Alltag gedeutet werden, da dieses Moment genau dann in Erscheinung tritt, wenn ersteres verdrängt wird. Im Verlauf dieser Arbeit wurde gezeigt wie und warum dieses Verdrängen von Alltäglichem vonstattengeht, dies erklärt allerdings nicht welche Bedeutung eine solche Form des Übergangs haben kann. Hierzu sollen im Folgenden Rituale und dessen Bedeutung für Bungee eingehender erläutert werden.

4.1.4 Übergang und Veränderung

Aus dem letzten Abschnitt ging hervor, dass Bungee eine Art von Übergang mit sich zu bringen scheint. Hierbei findet eine Loslösung von Konzepten und Vorstellungen statt, die vor eben diesem Übergang noch von Bedeutung waren. Diese Merkmale entsprechen einer Struktur, die in Ritualen zu finden ist. Der Begriff Ritual[309] lässt sich auf das lateinische *ritualis* zurückführen, was „den Kultgebrauch betreffend" bedeutet, dies wiederum bezieht sich auf das lateinische Substantiv *ritus,* was sich mit „religiösem Brauch", „hergebrachter Weise der Religionsausübung", „Zeremoniell" oder „Sitte" beschreiben lässt. Im 18. Jahrhundert wurde der Begriff auf gleichbleibende Festbräuche des profanen Lebens ausgeweitet; in diesem Zuge wurde dem Ritual eine Charakteristik zugeschrieben, die sich außerhalb religiöser Kontexte definiert. Zweifelsfrei wird innerhalb dieses Rahmens eine Definition von Ritualen benötigt, die sich abhebt, vom religiösen Ritual und sich auf ein modernes Phänomen wie Bungeejumping anwenden lässt:

> Der grundsätzliche Unterschied zu den früheren exklusiven Ritualbegriffen besteht bei moderneren Ritualaufassungen darin, daß sie das Augenmerk stärker auf strukturelle oder formelle Merkmale der zu bestimmenden Handlungsweisen richten.[310]

Um sich grundsätzlich ein Bild von Ritualen zu machen, scheint es unausweichlich sich mit der ersten, klassifizierenden Analyse von 1909, *Les rites de passage*[311] von

---

309 Vgl. Etymologie in: Steuten, Ulrich: Das Ritual in der Lebenswelt des Alltags. Gießen 1998, S. 28.

310 Steuten: Das Ritual in der Lebenswelt des Alltags, S. 45.

311 Van Gennep, Arnold: Übergangsriten. Les rites de passage. Frankfurt a.M., New York, 3. Aufl. 2005.

Arnold van Gennep zu befassen[312] und darüber hinaus mit der weiterführenden Analyse von Victor Turner[313], die 1969 veröffentlicht wurde.
Ausgangspunkt der Überlegungen Van Genneps sind soziale Positionen und Etappen, die im Leben eines jeden durchlaufen werden. „Es ist das Leben selbst, das die Übergänge von einer Gruppe zur anderen und von einer sozialen Situation zur anderen notwendig macht"[314]. Wichtig hierbei sind, wie der Titel des Werkes schon verrät, die Übergänge; auf diesen ruht das Augenmerk des Forschers. Zwischen den Positionen oder Etappen befinden sich nun Rituale, die den Zweck in sich tragen, „das Individuum aus einer genau definierten Situation in eine andere, ebenso genau definierte Situation hinüberzuführen."[315] Einer der Schwerpunkte ruht auf einer Form der Klassifikation von Ritualen; Van Gennep macht sich vier Dimensionen zu Nutze, um Rituale zu verorten: animistisch – dynamistisch, sympathetisch – kontagiös, positiv – negativ und direkt – indirekt.[316] Für unsere Zwecke jedoch wesentlich bedeutsamer ist das begleitende dreigliedrige System, das die Rituale selbst in Fragmente gliedert. Drei Phasen werden benannt: die Trennungsphase, die Schwellen- oder Umwandlungsphase und die Angliederungsphase.[317]
Victor Turner schließt mit seinen Konzepten an diesen Punkten an und komplementiert diese mit Ausführungen über Symbolik, Ort des Rituals, die benannten Phasen selbst und das essentielle Pendant zum Ritualsubjekt, die *Communitas*[318].
Mit *Communitas* wird ein spezifischer Zustand der Gemeinschaft bezeichnet, den diese während des Rituals einnimmt[319]. Gemeint ist nicht Gemeinschaft in gebräuchlichem Sinne, sondern die „Einheit", die dem Ritualsubjekt gegenüber steht. Diese Gemeinschaft entlässt das ritualempfangende Subjekt und gliedert es zum Abschluss wieder ein. Dieses begleitende Kollektiv oder das „dynamische Gegenüber"[320] ist für Victor Turner der Gegenbegriff zu Struktur, denn innerhalb dieses Zustandes sind alle Hierarchien, Machtpositionen und Beziehungen unstrukturiert und undifferenziert. Gemeinschaft in herkömmlichem Sinne will er im Gegenzug als strukturiert, differenziert und hierarchisiert verstanden wissen.

---

312 Vgl. Steuten: Das Ritual in der Lebenswelt des Alltags, S. 19.
313 Turner, Victor: Das Ritual. Struktur und Anti-Struktur. Frankfurt a.M., New York, Neuaufl. 2005.
314 Van Gennep: Übergangsriten, S. 15.
315 Ebd.
316 Vgl. ebd, S. 19.
317 Vgl. ebd, S. 21.
Vgl. ebenf.: Steuten: Das Ritual in der Lebenswelt des Alltags, S. 32.
Vgl. ebenf.: Turner: Das Ritual, S. 94f.
318 Vgl. Turner: Das Ritual, S. 17, 21, 42, 55, 94.
319 Vgl. ebd, S. 96f.
320 Ebd, S. 124.

Rituelle Überführungen lassen sich in verschiedensten Lebenssituationen finden, so sind Geburt, soziale Pubertät, Elternschaft, Aufstieg, Initiation oder Anderes denkbar. Übergänge dieser Art zeichnen sich durch Grenzüberschreitungen aus; Van Gennep beschreibt diese Art der Grenzüberschreitung am Beispiel von Territorien bei Kulturen, die ihre Grenzen an landschaftlichen Merkmalen fixieren. Oftmals liegt hinter der eigenen Grenze eine Art neutrale Zone, die durchquert werden muss, um in das nächst gelegene Gebiet zu gelangen. Zwischen diesen Arealen nun liegt eine *neutrale Zone* und zwar sowohl in räumlicher als auch in sakraler Hinsicht. In dieser *Übergangszone* schwebt der sich Befindende zwischen den Welten, er ist weder hier noch da, er ist im Transit begriffen und in eben einem solchen Übergangszustand.[321]
Übergangsrituale markieren Orts-, Zustands-, Positions- oder Altersgruppenwechsel zwischen (relativ) stabilen oder wiederkehrenden und kulturell definierten Zuständen[322]. Zu Beginn eines solchen Rituals steht die Trennungsphase, sie initiiert den Übergang. In ihr weisen symbolisches Verhalten und die Symbole selbst auf die Loslösung eines fixierten Punktes in der Sozialstruktur. Hierauf folgt die mittlere und markanteste Phase, die Schwellenphase; sie ist durch Ambiguität gekennzeichnet, da sie wenig oder keine Merkmale des vergangenen oder künftigen Zustandes in sich trägt. In der dritten und letzten Phase, der Angliederungsphase, ist der Übergang vollzogen, das Subjekt befindet sich wieder in einem stabilen Zustand, sowohl subjektbezogen als auch innerhalb der Gesellschaft. Es unterliegt demzufolge wieder Sozialstruktur bedingten Rechten und Pflichten, die vorübergehend, während des Überganges aufgehoben waren.[323]
Die Schwellenphase[324] ist durch den Zustand der Liminalität gekennzeichnet, das Subjekt hat sich gelöst von herrschender Rangordnung und Sozialstruktur und befindet sich auf der Schwelle. „Schwellenwesen sind weder hier noch da; sie sind weder das eine noch das andere, sondern befinden sich zwischen den vom Gesetz, der Tradition, der Konvention und dem Zeremonial fixierten Positionen.“[325] Die Sozialordnung ist innerhalb der liminalen Phase symbolisch aufgehoben, es ist das Zwischenstadium der Statuslosigkeit. Häufig weisen Symbole auf diese Status- und Besitzlosigkeit hin.

321 Vgl. Gennep: Übergangsriten, S. 25 – 33.
322 Vgl. Turner: Das Ritual, S. 94ff.
323 Vgl. ebd, S. 94ff.
Diese Phasen werden gleichfalls als präliminal, liminal und postliminal bezeichnet.
Vgl. Steuten: Das Rital in der Lebenswelt des Alltags, S. 32.
324 Vgl. Turner: Das Ritual, S. 95f, 102ff.
325 Ebd, S. 95.

In der postliminalen Phase drängt der Fokus des Rituals vom Subjekt auf die Interaktion von *Communitas* und Subjekt. Denn in dieser Phase wird das Ritualsubjekt wieder in die Gemeinschaft eingegliedert. Diese bewusste Eingliederung ist erforderlich, da das ritualempfangende Individuum nun eine neue Position im gesellschaftlichen System einnehmen wird. Rituale der Statuserhöhung „in denen das Ritualsubjekt oder der Novize irreversibel von einer niederen zu einer höheren Position in einem institutionalisierten System solcher Positionen befördert wird"[326], erfordern eine Wiedereingliederung. Eine solche Angliederungsphase betont die neue Position in der Gemeinschaft, dies bedeutet jedoch ebenfalls, dass die *Communitas* schwindet, da Ränge und Status wieder Bedeutung erlangen. Mit der postliminalen Phase zeichnet sich das Ende des Rituals ab, in dem das Ritualsubjekt in seiner neu gewonnenen Position willkommen geheißen und aufgenommen wird.[327]

Die liminale Phase kann analog zum *Erlebnis* betrachtet werden. Gleich dem *Erlebnis* negiert sowohl die Schwellenphase, als auch die *Communitas* aktiv den Alltag, beziehungsweise die *Struktur,* die für Turner den Alltag charakterisiert. Innerhalb der liminalen Phase weist alles auf eine Loslösung des Subjekts vom Alltag hin. Die (sozial-) Struktur ist sowohl für das Ritualsubjekt als auch für die *Communitas* nicht mehr von Bedeutung. An dieser Stelle lässt sich das Moment der Freiheit verorten, das den Interviews zu entnehmen war. Diese Loslösung von hegemonialer Sozialstruktur geht mit einer Befreiung des (unterworfenen) Subjekts einher. Innerhalb des *Erlebnisses* wurde das *Außeralltägliche* verortet, das ebenfalls den Alltag und seine Strukturen negiert[328]. Während des Schwellenzustandes bewegt sich das Subjekt zwischen kulturell definierten Situationen oder „zwischen den Welten". In sakralen Kontexten bedeutet dies, für den Moment keine Zugehörigkeit oder Identität zu besitzen, dennoch weilt das Magische und Transzendente im Hintergrund. Das Subjekt befindet sich sozusagen an den Polen und Grenzen der liminalen Phase – gleich dem *Außeralltäglichen,* das eine latente transzendente Konnotation in sich trägt. Demnach ist es plausibel, den liminalen Zustand als einen a*ußeralltäglichen* Zustand zu definieren, da er alle Eigenschaften der *Außeralltäglichkeit* aufweist.

Die liminale Phase weist noch weitere Gemeinsamkeiten mit dem *Erlebnis* auf. Im Zentrum steht zwar das Subjekt, dennoch verlangt es der Übergang alles, was ein Individuum identifiziert, abzulegen, also das, was das Subjekt von seiner Umwelt unterscheidet. Wie sich das Subjekt selbst in der Liminalität fühlt ist bedauerlicherweise nicht pauschal zu beurteilen, da sich Rituale und die damit verbundenen Abläufe stärker voneinander nicht unterscheiden könnten. Dennoch findet sich zum einen

---

326 Turner: Das Ritual, S. 160.

327 Vgl. ebd, S. 94, 96.

328 Vgl. Kapitel: 2.2.1, 3.3.

oftmals ein magisch transzendenter Hintergrund und zum anderen eine Form der Subjektnegierung von Seiten der *Communitas*. Darüber hinaus – so lässt sich vermuten – befindet sich das ritualempfangende Subjekt selbst in einem transzendenten Modus. Diese Dispositionen gleichen den Eigenschaften der *doppelten Transzendenz*, die beim *Erlebnis* zu finden ist; bei dieser ist das Subjekt transzendent, da es eine Einheit mit seiner Umwelt bildet und parallel ist die Situation charismatisch transzendent, da das *Außeralltägliche* seine Anziehungskraft geltend macht.

Eine weitere Charakteristik des *Erlebnisses* ist die *Fokussierung*. Bei dieser lässt sich ebenso wenig wie bei der Subjekttranszendenz pauschal sagen, ob sich diese in der liminalen Phase wiederfindet. Dennoch lässt sich dies vermuten, da es unwahrscheinlich scheint, dass sich das Subjekt auf etwas anderes als auf sich in Bezug auf seine Umwelt konzentriert. Das mit der *Fokussierung* einhergehende begrenzte Stimulusfeld, das auf die eigene Identität[329] gerichtet ist, führt zu einem Verlust des Vermögens die „soziale Zeit“ einschätzen zu können. Diese veränderte Zeitwahrnehmung ist ebenfalls Teil des Zustandes der *Fokussierung*, die in *Erlebnissen* zu finden ist.

Rituale könnten demzufolge *Erlebnisse*, wie sie hier verstanden werden sollen, in sich tragen, müssen es jedoch nicht. Bedeutsam am Ritual ist hingegen die liminale Phase, die das *Außeralltägliche* in sich birgt und das Individuum den Alltag vergessen lässt. Auf der Schwelle und während des Übergangs schwebt das Subjekt zwischen Sinnwelten, es überschreitet eine Grenze und gelangt in eine neue soziale Situation. Diese Situation wird durch die postliminale Phase markiert, in welcher das Ritualsubjekt in den neuen relativ stabilen Zustand innerhalb der Gemeinschaft begrüßt und eingegliedert wird. Dieses Merkmal findet beim Bungee-Springen ebenfalls seine Entsprechung. Nach dem Sprung, wird das Subjekt fürsorglich vom geschulten und erfahrenen Team in Empfang genommen; dies kann in zweierlei Hinsicht gedeutet werden: in wörtlichem Sinne und im Sinne einer *Communitas*, die das Ritualsubjekt wieder in die Struktur der Gesellschaft eingliedert, ihm die Hände schüttelt und ihm die Schulter geklopft wird.

---

329 Identität soll die Einheit mit der Umwelt und die Einheit mit der Tätigkeit oder dem Geschehen heißen. Siehe Kapitel: 2.2.2, 3.4.

5 Umgrenzung

5.1 Das Abenteuer

Um die angestrebte Definition abzuschließen, ist es notwendig, den Begriff des Erlebnisses anderen, semantisch ähnlichen Begriffen, gegenüberzustellen[330] und ihn von diesen abzugrenzen.
So soll an dieser Stelle eine Trennung der Begriffe *Erlebnis* und *Abenteuer* vorgenommen werden. Hierbei beziehe ich mich auf die Philosophie des Abenteuers, einen Aufsatz, welcher von Georg Simmel im Morgenblatt 1910 publiziert wurde[331].
Für Simmel ist jedes Tun oder Erfahren doppelt referentiell; zum einen ist es selbstreferentiell, „es dreht sich um den eigenen Mittelpunkt“[332] und zum anderen fügt es sich als Baustein in den kompletten Lebensverlauf ein. Das Abenteuer ist für Simmel ein Ausbruch aus dem Alltäglichen, das sich jedoch retrospektiv mit den kontinuierlichen Fäden des Lebens verbindet[333]. Verglichen wird dies mit dem Traume, bei welchem es hingegen schwieriger falle, ihn in das Leben zu integrieren.

> Was wir als „traumhaft“ bezeichnen, ist nichts anderes als eine Erinnerung, die sich mit weniger Fäden als sonstige Erlebnisse dem einheitlichen und durchgehenden Lebensprozess verknüpft. Wir lokalisieren unsere Unfähigkeit, ein Erlebtes eben diesem einzuordnen, gewissermaßen durch die Vorstellung des Traumes, in dem dies Erlebte stattgefunden hätte. Je „abenteuerlicher“ ein Abenteuer ist, je reiner es also seinen Begriff erfüllt, desto „traumhafter“ wird es für unsere Erinnerung.[334]

Hier lassen sich in gewisser Weise Ansätze zum Begriff des Außeralltäglichen finden, die gute zehn Jahre später von Max Weber in Wirtschaft und Gesellschaft postum publiziert wurden. Für Simmel ist das „Traumhafte“ das, was sich dem kontinuierlichen Alltag entgegen setzt, dies ist nicht wie bei Max Weber magisch konnotiert. Das herausragende Merkmal eines Abenteuers ist durch die Fäden, die es mit dem Alltäglichen verbinden, charakterisiert. Hiermit könnte die Zweckmäßigkeit der Handlung gemeint sein, also wie stringent eine Handlung bezüglich ihres Zwecks in den Alltag integriert werden kann.

330 Siehe Kapitel 3.1.
331 Simmel, Georg: Philosophische Kultur. Neu-Isenburg 2008, S. 35-47.
Und: Enser Stephan: Soziales Extremverhalten: „Maske“ und „Rausch“, “Chocks“ und „Events“. Vom Initiationsritus zur Freizeitindustrie. Würzburg. 2001, S. 203-209.
332 Simmel: Philosophische Kultur, S. 35.
333 Vgl. ebd.
334 Ebd..

Das Abenteuer grenzt sich noch in weiteren Punkten vom Alltag ab, so hat es klar markierte Anfangs- und Endpunkte; es bewegt sich in Bezug auf das Vorher und das Nachher innerhalb eines unabhängigen Rahmens[335]. Weder ist es vergangenheitsbestimmt, noch hat es eine Zukunft; wie das Erlebnis ist das Abenteuer nur im Hier und Jetzt gegenwärtig, es lebt durch den „Rausch des Augenblicks“[336]. Innerhalb des Abenteuers findet sich eine Art „doppelte Sinngebung“, es ist zwar abgetrennt, jedoch mit dem übergeordneten „Ganzen“ verbunden, da es in ihm stattfindet. Für Simmel ist das Abenteuer ein geschlossenes Fragment, das außerhalb des „alltäglichen“ Sinnkonzepts steht[337]. Hinzu kommt für ihn das Unberechenbare, das innerhalb des Abenteuers zu finden ist; gerade diese fehlende Antizipation des Verlaufes führt zu dem Reiz und der Anziehungskraft des Abenteuers. Hiermit geht eine Art Kontrollverlust einher, der das Ereignis erst abenteuerlich werden lässt. Für Simmel steht das Erlebnis in seiner Intensität und seinem Reizniveau vor dem Abenteuer, so „daß das Abenteuer seinem spezifischen Wesen und Reize nach ein *Form* des *Erlebens* ist.“[338] Diesen Aspekten kommen weitere hinzu, so werden in einem Abenteuer andere Lebensinhalte „übertönt“; zwar ist es aus dem Ganzen herausgetreten, jedoch strömt die ganze Kraft des Lebens durch es und ihn im. Dieser Fluss der „Lebenskraft“ macht das Abenteuer so intensiv fühlbar. Streng verbunden mit diesen Eigenschaften sieht Simmel das jugendhafte Leben[339], in welchem objektive Bedeutungen eine untergeordnete Rolle einnehmen. Für das Alter hingegen wäre diese abenteuerliche Lebensart eher ungemäß[340], was nicht bedeutet, dass ein solches Abenteuer im Alter nicht mehr erlebbar wäre; ganz im Gegenteil ist das Leben durchzogen von Abenteuern, permanent begleiteten sie uns. Es sind die vielen unberechenbaren Dinge, bei denen wir so tun als könnten wir sie doch berechnen[341], Simmel benennt als Beispiel die Religion, er betont das andauernde Wechselspiel zwischen Subjekt und Objekt. Ein Abenteuer ist es, wenn es fühlbar wird und das übergeordnete Leben ausgeschlossen wird, „das macht das bloße Erlebnis zum Abenteuer“[342].

Nun gilt es die Frage zu klären, worin sich das *Erlebnis* (wie wir es verstehen wollen) vom Abenteuer unterscheidet, denn dieser Darstellung zufolge, liegen die beiden sehr nahe beieinander, auch wenn sie in verschiedene Begriffe von unterschiedlichen Verfassern zu divergierenden Zeiten gefasst wurden. Dennoch lassen sich folgende

335 Vgl. Simmel: Philosophische Kultur, S. 36.

336 Ebd, S. 37.

337 Vgl. ebd.

338 Ebd., S. 43.

339 Vgl. ebd, S. 44ff.

340 Vgl. ebd.

341 Vgl. ebd. S. 46.

342 Ebd.

Unterschiede (und auch Gemeinsamkeiten) finden:
A) Das was wir unter *außeralltäglich* verstehen wollen, ist sowohl begrifflich als auch inhaltlich vom dem, was aus dem Abenteuerbegriff hervorgeht, abzugrenzen. Für Simmel ist das Außeralltägliche das Traumhafte, das in Erscheinung tritt. „Fäden", die es mit dem übergeordneten Leben verbinden, gelten als Indikator für die Traumhaftigkeit; je weniger „Fäden" das Abenteuer mit dem „Alltag" verbinden (Zweckdienlichkeit), desto abenteuerlicher (traumhafter) ist es. Beim Erlebnis (wie wir es verstehen wollen) hingegen, ist das Außeralltägliche durch das Charismatische bestimmt, das strukturell zwar dem Alltag entgegengesetzt ist, jedoch Personen, Objekten und Strukturen anhaften kann und hierdurch gleichwohl im Alltäglichen zu finden ist.
B) Das Abenteuer hat klare Anfangs- und Endpunkte und tritt gleichfalls auf diesem Wege aus dem Alltag heraus; es bewegt sich in einem abgekoppelten Rahmen (geschlossenes Fragment), der zweifelsfrei nicht Alltag ist und auch in diesem nicht stattfinden kann, da ein übergeordnetes Sinnkonzept existieren muss und dies das Leben (Alltag) ist. Es gleicht einer Art äußeren Kennzeichnung des Abenteuers, worin das Außeralltägliche seine Kennzeichnung von innen heraus (charismatischer Charakter) erhält.
C) Das Abenteuer positioniert sich zwar außerhalb des Alltags, jedoch strömt in ihm die komplette „Lebenskraft", folglich kommt der hegemoniale Charakter des Abenteuers dem Alltag gegenüber vom Subjekt selbst. Das Subjekt steht im Zentrum und ist Auslöser der Abenteuerlichkeit; Erlebnisse hingegen sind stark objektbestimmt[343], sie wirken auf das Subjekt und bestimmen hierdurch das Erleben.
D) Das bedeutendste Charakteristikum haben die beiden jedoch gemein: den Ausschluss des Alltages. Ebenso die Unberechenbarkeit, die im Abenteuer einen Kontrollverlust fördert, gleicht der ungeordneten charismatischen Struktur, die sich innerhalb der Außeralltäglichkeit findet.
Demnach kann ein Abenteuer eine längere und andauernde Episode sein, die mit Erlebnissen gefüllt ist und deren Zeitraum konkret bestimmt ist. Nichts desto trotz kann es Ereignisse geben, bei welchen sowohl die eine, wie auch die andere Beschreibung adäquat anwendbar ist; in einem solchen Falle betrachtete ich die beiden Konzepte als Perspektiven, die unterschiedliche Herangehensweisen zum zu untersuchenden Objekt propagieren, auf diese Weise stehen sie sich im Folgenden nicht im

---

343 Balint beschreibt das Objekt originär als das entgegen- oder quergeworfene. Demzufolge steht es dem Subjekt (das Unterworfene) gegenüber, bzw. ist außerhalb desselben.
Vgl. Balint: Angstlust und Regression, S. 49.
Und: Kapitel 2.2.2.

Wege, sondern könnten ergänzend verwendet werden.

5.2 Die Ekstase

Bis zu diesem Punkt wurde der Begriff *Erlebnis* an sich charakterisiert und vom Begriff des *Abenteuers* differenziert. Im Folgenden soll nun eine weitere Distinktion hinzugefügt werden, die es ermöglichen wird, Erlebnis präziser zu verstehen.
Die Ekstase ist dem Rausche artverwandt, häufig werden beide parallel analysiert[344]; die Ekstase wird hierbei als Steigerung des Rausches angesehen[345]. Ekstase gehört zu der Kategorie der *außergewöhnlichen Bewusstseinszustände*, so die allgemein verfügbaren Definitionen[346]. Es sind, soviel sei unbestritten, außeralltägliche Zustände, die des Öfteren als außergewöhnlich, anders, verändert oder erweitert[347] bezeichnet werden; doch wie sie auch immer benannt werden, es sind zusätzliche Zustände des menschlichen Bewusstseins, die erlebbar sind. Diese können durch exogene oder endogene Katalysatoren evoziert werden[348], demzufolge sind Formen der Sinnesmodifikation (wie Deprivation oder Überflutung von Reizen) oder Toxine (Drogen, Alkohol) denkbar, um solche Zustände hervorzurufen. Die Faktoren, so Legnaro, unterliegen stets den gleichen Prinzipien; so können außergewöhnliche Bewusstseinszustände ausgelöst werden, „wenn die Flut der sensorischen Reize (…) unter oder über dem Normalpegel liegt"[349] oder wenn ein Stimulus im Fokus der Konzentration liegt; desgleichen sind für ihn körperliche Formen, wie Schafentzug, überhöhter Sauerstoffgehalt im Blut oder die Einnahme von Drogen denkbar um solche Zustände heraufzubeschwören[350].

---

344 Vgl. Legnaro, Aldo: Zur Soziologie von Rausch und Ekstase. In: Kemper, Peter (Hg.); Sonnenschein, Ulrich (Hg.): Sucht und Sehnsucht. Rauschrisiken in der Erlebnisgesellschaft. Stuttgart 2000, S. 31-42.
Vgl. ebenf. Legnaro, Aldo: Ansätze zu einer Soziologie des Rausches. Zur Sozialgeschichte von Rausch und Ekstase in Europa. In: Völger, Gisela (Hg.); Von Welck, Karin (Hg.): Rausch und Realität. Drogen im Kulturvergleich. Bd. 1. Stuttgart 1982, S. 93-115.
Und: Dittrich, Adolf (Hg.); Hofmann, Albert (Hg.); Leuner, Hanscarl (Hg.): Welten des Bewusstseins. Band 1. Ein interdisziplinärer Dialog. Berlin 1993.

345 Legnaro: Zur Soziologie von Rausch und Ekstase, S. 36.

346 Vgl. Rätsch, Christian: Zur Ethnologie veränderter Bewußtseinszustände. In: Dittrich, Adolf (Hg.); Hofmann, Albert (Hg.); Leuner, Hanscarl (Hg.): Welten des Bewusstseins. Band 1. Ein interdisziplinärer Dialog. Berlin 1993, S. 21.

347 Vgl. Rätsch: Zur Ethnologie veränderter Bewußtseinszustände, S. 21.
Und: vgl. Legnaro: Zur Soziologie von Rausch und Ekstase, S. 31.

348 Vgl. Rätsch: Veränderte Bewusstseinszustände, S. 21.

349 Legnaro: Zur Soziologie von Rausch und Ekstase, S. 34

350 Vgl. Legnaro: Zur Soziologie von Rausch und Ekstase, S. 34.

Ekstase oder Rausch führt zu einer Modifikation diverser Prozesse des menschlichen Bewusstseins. Gleich dem Erlebnis verändern sich Wahrnehmungsmuster, allerdings in diesen Fällen meist um ein Vielfaches gesteigert.

> Dittrich & Scharfetter (1987: 38) charakterisieren den gemeinsamen Kern von VWBs [veränderte Zustände des Wachbewusstseins] wie folgt:
> Veränderung der Denkabläufe
> Veränderung des Zeiterlebens
> Angst vor Verlust der Selbstkontrolle
> intensive Emotionen (Glückseligkeit bis Panik)
> Körperschema-Veränderungen (bis „Körperlosigkeit“)
> optisch-halluzinatorische Phänomene, Synasthesien
> verändertes Bedeutungserleben[351]

Ekstase ist primär durch Körperlichkeit geprägt, durch Modifikation der Wahrnehmung, weniger durch die Situation selbst. In Schischkoffs Wörterbuch der Philosophie ist Ekstase definiert, als ein Grad des Rausches, der dem Wahnsinn nahe ist und in dem Stimmen gehört werden können[352]. Es ist namentlich ein „Außersichsein“ (aus dem griech., *ekstasis*, „aus sich gestellt sein“[353]) ein Zustand, in dem ein Gefühl entstehen kann, dass der Geist den Körper verlasse. Aldo Legnaro schildert diesen Zustand als kulturübergreifendes Verlangen nach Entgrenzung, das schon immer existiert haben muss[354]. Ekstase ist bei Legnaro gleichfalls eine Form des Rausches und eine spezifische Form des Erlebens. „Wer sie [die Ekstase] erfährt, macht eine nicht-alltägliche >>andere<< Erfahrung, erlebt eine Entgrenzung ichverhafteter Gebundenheit, er ist damit auch ein >>anderer<<.“[355] Demnach kommt es in der primär körperlich evozierten Ekstase pradoxerweise zu einer gefühlten Loslösung des Geistes, die gleichfalls eine geänderte Icherfahrung mit sich bringt. „Gemeinsam ist ihnen [den veränderten Bewusstseinszuständen], nicht primär Icherfahrung zu sein, und in allen ist die alltäglich herrschende Dominanz des Ich abgeschwächt.“[356]

Die Ekstase ist häufig negativ konnotiert und wird als Begeisterung für ein Gefühl, das die Klarheit des Verstandes und die Freiheit des Willens beschränkt, definiert.[357]

---

351 Ebd, S. 24.

352 Vgl. Schmidt; Schischkoff (Hg.): Philosophisches Wörterbuch, S. 160.

353 Vgl. Ebd.

354 Vgl. Legnaro: Ansätze zu einer Soziologie des Rausches, S. 93-114.
Vgl. ebenf.: Legnaro: Zur Soziologie von Rausch und Ekstase. , S. 31f.

355 Legnaro: Zur Soziologie von Rausch und Ekstase, S. 32.

356 Ebd.

357 Vgl. Legnaro: Zur Soziologie von Rausch und Ekstase, S. 36.

In neueren Texten wird Ekstase eher schlicht als weiterer Zustand angesehen[358]. Die Ekstase berührt nach Legnaro sakrale Sphären, da die Entgrenzung Gefühle erzeugen kann, die als Verbundenheit zu etwas Göttlichem beschrieben werden können, sie gleicht „dem Übermächtigtwerden eines transzendenten Numinosen"[359]. Ekstase ist demnach ein Zustand des gesteigerten Rausches, in welchem sich das „Ich" vom Körper trennt oder sich losgelöst von diesem betrachtet; es fühlt sich in engem Verbund mit einer transzendenten Macht, hierdurch ist das Subjektempfinden abgeschwächt oder sogar aufgelöst.

Beim Begriff der Ekstase scheint es nun viele Parallelen in Bezug auf Erlebnis zu geben. Gemeinsamkeiten und Unterschiede werden in den folgenden Punkten erläutert.

A) Ein ekstatischer Zustand wäre einer gemeinen Einschätzung zufolge sicherlich außeralltäglich. Doch gleich dem Abenteuer (Abschnitt 6.1) wäre mit Außeralltäglichkeit etwas anderes, etwas, das aus dem Worte selbst hervorgeht, gemeint, nicht die charismatische Außeralltäglichkeit, die in Bezug auf *Erlebnis* definiert wurde; um diesem Missverständnis vorzubeugen, soll dieses, dem Worte nach Außeralltägliche nun als das *Besondere* benannt werden, ohne auf diesen Begriff weiter einzugehen. Die Ekstase ist demnach ein besonderer, rauschhafter Zustand, der nicht alltäglich ist.

B) Die betonte Körperlichkeit, die der Ekstase zugrunde liegt, repräsentiert (ebenfalls gleich dem Abenteuer) einen Ursprung, welcher vorwiegend im Subjekt selbst zu finden ist und nicht wie beim *Erlebnis* in einer Kombination und Interaktion des Subjekts mit der Situation und seiner Umwelt (Objekt). Ekstase wird in den meisten Fällen zwar durch, oder wenigstens mit Hilfe von Substanzen (Objekten) verursacht[360], dennoch geht der ekstatische Zustand dann vom Subjekt aus, da die Substanz nach Einnahme nicht mehr als Objekt bezeichnet werden kann und vom Subjekt eingegliedert wurde[361].

C) In Bezug auf die Transzendenz erweist sich die Unterscheidung zwischen Ekstase und Erlebnis sehr viel diffiziler, da Personen in Ekstase zwar Anzeichen eines transzendenten Zustandes aufweisen, in der Mehrzahl der Fälle jedoch das Subjekt erhalten bleibt. Entgrenzung meint in erster Linie das Abkoppeln des Ichs vom Körper – nicht die Herstellung einer Identität mit der Umwelt. Diese Form der Identität

---

358 Vgl. Rätsch: Zur Ethnologie veränderter Bewusstseinszustände, S. 25ff. Und: vgl. Legnaro: Ansätze zu einer Soziologie des Rausches, S. 94f.

359 Legnaro: Ansätze zu einer Soziologie des Rausches, S. 94f.

360 Vgl. ebd, S 98.

361 Michael Balint spricht hier von einer „harmonischen Verschränkung mit der Umwelt"
Vgl. Balint: Angstlust und Regression, S. 56.

scheint mittels der Ekstase zwar durchaus erreichbar, ist jedoch nicht notwendigerweise gegeben. Was sich hingegen bestimmen lässt, ist, dass das Subjekterleben wesentlich geringfugiger ausgeprägt ist.
D) Ekstase scheint demzufolge – gleich dem *Erlebnis* – eine Form der „doppelten Transzendenz" aufzuweisen. Zum einen ist es möglich, dass das Subjekt transzendiert, (hier stellt sich die Frage, ob das „mit wem?" und das „wohin?" bestimmbar ist) und zum anderen kann sich das in Ekstase befindliche Individuum einer göttlichen oder transzendenten Kraft verbunden fühlen. Dennoch unterscheiden sich die Charakteristika der *doppelten Transzendenz* des Erlebnisses und der der Ekstase voneinander. Die Transzendenz des Subjekts kann unter Umständen bei beiden Wahrnehmungsmustern äquivalent sein (auch wenn dies weder eine Voraussetzung noch eine zwingende Folge der Ekstase ist); die zweite (doppelte) ist jedoch ist in hohem Maße different, denn *Erlebnisse* sind in ihrer (zweiten und doppelten) Transzendenz von der Objektbestimmtheit des Erlebnisses selbst (das Charismatische, das dem Subjekt gegenüber steht[362]) bestimmt, während die Ekstase direkt die Suggestion einer transzendenten Verbundenheit oder Identität ermöglicht und folglich diese weitere Transzendenz dem Subjekt entspringt.
Gleich dem Abenteuer lassen sich innerhalb eines ekstatischen Zustandes mit hoher Wahrscheinlichkeit Erlebnisse finden, dennoch gleichen sich diese nicht. Die Ekstase ähnelt einer Episode, ein Erlebnis hingegen ist eine kompakte Einheit. Die Ekstase ist ein Zustand, der stark körperlich bedingt ist, das Erlebnis eine Wahrnehmungseinheit, die dem Individuum entgegengeworfen wird.

5.3 Die Erfahrung

Erlebnis wurde im Vorhergehenden charakterisiert und von den Begriffen *Abenteuer* und *Ekstase* differenziert; abschließend soll nun eine weitere und letzte Unterscheidung getroffen werden: die Trennung des Erlebnisses von der Erfahrung. Vielerorts wird Erfahrung als Empirie verstanden, als Werkzeug zur Wissensgenese und als Produktionsinstrument für Objektivität.[363] Bisweilen wird Erfahrung ferner verstanden als Synonym für „bewandert" oder „klug"[364]; demnach als Informationen, die

---

362 Das entgegengeworfene Objekt, ist deshalb Objekt, da es sich außerhalb des Subjekts befindet.
Vgl. Balint: Angstlust und Regression, S. 49, 56 u.a.

363 Vgl. Schmidt; Schischkoff (Hg.): Philosophisches Wörtbuch, S. 177.
Vgl. ebenf.: Dewey, John: Erfahrung und Natur. Frankfurt a.M. 1995.
Vgl. ebenf.: Gadamer: Wahrheit und Methode.
Vgl. ebenf.: Peskoller, Helga: Erfahrung/en. In: Bilstein, Johannes; Peskoller, Helga (Hg.): Erfahrung – Erfahrungen. Wiesbaden 2013.

364 Kluge: Etymologisches Wörterbuch der deutschen Sprache, S. 254.

sich in einem Individuum akkumulieren und infolge dessen in einer Art intersubjektiven Wissens verstanden werden wollen. Sprachgeschichtlich kommt Erfahrung von „durchreisen" und hieraus resultierend „kennenlernen".[365] Wir wollen Erfahrung in einer divergenten Weise verstehen, *Erfahrung* soll hier als subjektive Rezeption verstanden werden. Hans-Georg Gadamer merkt diesbezüglich an, dass die Erfahrung einer der unaufgeklärtesten Begriffe überhaupt zu sein scheint[366]: „In der Tat ist es der Mangel der bisherigen Theorie der Erfahrung, der gerade auch Dilthey[367] einschließt, dass sie ganz auf Wissenschaft hin orientiert ist und deshalb die innere Geschichtlichkeit der Erfahrung nicht betrachtet."[368] Hierauf folgend beschreibt H.G. Gadamer einige Merkmale von Erfahrung, aus welchen ein - für unsere Zwecke praktikabler - Erfahrungsbegriff erschlossen werden kann.

Aller Erfahrung ist eine grundlegende Art der Informationsgewinnung gemein; diese Information oder Erfahrung ist indes gültig, „solange sie nicht durch neue Erfahrung widerlegt wird." Diese persönliche Erfahrung ist in erster Linie subjektiv gültig und das unabhängig von Wissenschaft oder Alltag. Erfahrungen sind vergangenheitsorientiert, sie existieren demzufolge lediglich in der Erinnerung, gleichwohl sie einer Gegenwart entspringen. Erfahrung ist demzufolge zu verstehen, als eine subjektiv gebundene Information, die einer Gegenwart entspringt, sich jedoch erst in der Erinnerung des Vergangenen als Erfahrenes manifestiert. „Erfahrung ist immer nur in der einzelnen Beobachtung aktuell da. Sie wird nicht in vorgängiger Allgemeinheit gewusst." Hierdurch beinhaltet die Erfahrung nicht nur etwas Neues, sie ist ebenso empfänglich für Neuerungen, empfänglich dafür Irrtümer zu berichtigen - und das sowohl in subjektiven als auch in objektiven Bereichen. So werden beispielsweise falsche Verallgemeinerungen widerlegt; Erfahrung ist nur aus diesem Grunde eine solche; hätte sie nicht diese Form der Informationstransformation oder Erneuerung inne, fiele sie nicht auf und wäre demzufolge auch kein Muster, das als Erfahrung bezeichnet werden könnte. Eine Erfahrung machen heißt demzufolge, die Korrektur von Informationen über sich (die Annahme, dass etwas gewusst würde) und über

---

365 Vgl. ebd.

366 Vgl. Gadamer: Wahrheit und Methode, S. 329.
Vgl. ebenf.: Bollnow, Otto Friedrich: Der Erfahrungsbegriff in der Pädagogik. In: Bilstein, Johannes; Peskoller, Helga (Hg.) Erfahrung – Erfahrungen. Wiesbaden 2013.

367 Wilhelm Dilthey war in diesem Zusammenhang einer der Vorreiter, die sich mit Erfahrung beschäftigt haben, insbesondere der Erfahrung als wissenschaftliche Methode. Vgl. Gadamer: Wahrheit und Methode, S. 4f.
Vgl. ebenf. Lessing, Hans-Ulrich: Wilhelm Dilthey. Eine Einführung. Köln, Weimar, Wien 2011, S. 36ff.

368 Gadamer: Wahrheit und Methode, S. 329.

eine oder mehrere Entitäten, von denen man annahm, dass sie spezifisch so oder so seien. Eine Erfahrung ist in diesem Sinne nicht lediglich das Anhäufen von Informationen, sondern gleichfalls beinhaltet sie eine Art der Negation, sie äußert sich folglich in einer Art Dialektik. Dennoch kann man „strenggenommen (…) dieselbe Erfahrung nicht zweimal 'machen'" und das obwohl sie erst durch Wiederholung erworben wird. Erfahrungen werden zum Besitz, sie werden immaterieller Teil des Individuums und erweitern hierdurch den „Horizont", also das Verhältnis zwischen Subjekt und Objekt/Umwelt. Der zeitliche Aspekt, der in Erfahrung enthalten ist, lässt vermuten, dass Erfahrungen vollendet sind, nachdem sie in Besitz genommen wurden; Erfahrungen jedoch vollenden sich gerade darin, dass sie offen für Neuerungen sind, da soeben spezifische Annahmen durch Erfahrung korrigiert worden sind.[369] „Nur ein anderes Unerwartetes kann dem, der Erfahrung besitzt, eine neue Erfahrung vermitteln. So hat sich das erfahrende Bewußtsein umgekehrt – nämlich auf sich selbst zugekehrt."[370] Dass eine Erfahrung gemacht wurde, ist dem Bewusstsein des Erfahrenden immanent, insofern ist das erfahrende Bewusstsein in doppeltem Sinne rezeptiv.

Gleich dem Erlebnis hat die Erfahrung einen qualitativen Moment, jedoch mit dem Unterschied, dass dieser Moment einer Enttäuschung gleicht und zwar der Enttäuschung über einen erwarteten Sachverhalt[371]. Solche Erfahrungen führen nun dazu, dass Erfahrene einen neuen Blick für die Zukunft erlangen und gleichfalls einen neuen Blick für Erwartungswerte. „Der Erfahrene nämlich kennt die Grenze alles Voraussehens und die Unsicherheit aller Pläne. In ihm vollendet sich der Wahrheitswert der Erfahrung"[372].

Die Erfahrung differenziert sich wesentlich offensichtlicher vom Erlebnis denn das Abenteuer oder die Ekstase. Sie unterscheiden sich in folgenden Punkten:

A) Teleologisch betrachtet divergieren die Konzepte essentiell; wenn beim Erlebnis überhaupt eine Art Zweck definiert werden kann, so liegt dieser größtenteils in sich selbst. So wäre der *Zweck* der erzeugte mentale Zustand des Außeralltäglichen, der doppelten Transzendenz und der Fokussierung; dies sind alles Eigenschaften, die in dem Erlebnis selbst zu finden sind. Die Erfahrung hingegen bringt ein eindeutig definiertes Ziel mit sich, das Ziel der Information. Die vorhandene Erfahrung stellt Information, Geltung und ein „Stückchen Wahrheit" zur Verfügung. Ob dies nun lediglich subjektive oder intersubjektive oder gar objektive Gültigkeit besitzt ist nicht von Belang, bedeutend ist die Information die sich daraus ergibt.

369 Vgl. Gadamer: Wahrheit und Methode, S. 338.
370 Ebd, S. 366.
371 Vgl. ebd, S. 338f.
372 Ebd, S. 339.

B) Dieser Informationsgewinn führt in der Regel eine Form der Berichtigung mit sich, die Inbesitznahme der Erfahrung negiert etwas vorher Angenommenes. Es besteht kein Zweifel daran, dass auch ein Erlebnis eine Annahme negieren oder korrigieren kann, dennoch ist dieser Umstand bei Erlebnissen lediglich optional, bei Erfahrungen jedoch zwingend. In dem Begriff der Korrektur - innerhalb dieses Zusammenhangs - steckt eine Zweiwertigkeit; eine Annahme (Information) wird negiert, eine weitere (neue) wird gewonnen. Ein solches Informationsmuster ist beim Erlebnis nicht zu finden, da es sich vollständig in einer Form der rezeptiven Aktualität und Wahrnehmung des Ich und der Umwelt manifestiert.
C) Dies führt unmittelbar zu einer weiteren Differenz. Während sich das Erlebnis im akuten Jetzt konstituiert, generiert sich die Erfahrung im Vergangenen. Erst die Erinnerung macht die Information und die Korrektur zugänglich und die Erfahrung persistent. Die Erfahrung konstituiert demnach Zeitlichkeit, sie schafft und benötigt Zeit, um zur Erfahrung werden zu können. Erlebnisse hingegen negieren Zeit an sich. Zeit ist beim Erleben entweder verzerrt oder gar nicht vorhanden, sie hat während des Erlebens keine Bedeutung[373].
D) Die hier zu vergleichenden Konzepte differieren ebenfalls in ihrem Finitum. Das Erlebnis ist retrospektiv als abgeschlossene Einheit zu betrachten, wohingegen die Erfahrung unter anderem durch Offenheit charakterisiert ist. Die Erfahrung hat in ihrer Genese eine Art der Informationsnegation eingefordert und begründet hierdurch eine Struktur, die stets für Neuerungen empfänglich ist. Das Bewusstsein des erfahrenen Individuums unterliegt folglich einer Art doppelten Bezugnahme, der Bezugnahme auf eigene Annahmen und deren Negationen und der Bezugnahme auf die Erfahrung selbst.
E) Ebenfalls weisen die beiden qualitativen Muster zwei spezifische Formen von Gemeinsamkeiten auf. Zum einen sind sie jeweils in erster Linie subjektiv gebunden[374], das heißt als persönliche Wahrnehmung nicht übertragbar und zum anderen besitzen beide einen qualitativen Moment. Diese qualitativen Phasen hingegen differieren signifikant, sowohl in ihrer Qualität als auch in ihrem Stellenwert für das Wahrnehmungsmuster selbst. Die qualitative Phase der Erfahrung ist das Gewahrwerden der Negation einer Annahme, die des Erlebnisses enthält die Wahrnehmung des Außeralltäglichen, der doppelten Transzendenz und der Fokussierung. Die Erfahrung wird durch diese Qualität lediglich komplementiert, wohingegen das Erlebnis mit und

---

373 Siehe Kapitel 2.2.3, 3.5.

374 Hier soll von der rezeptiven Form der Erfahrung ausgegangen werden, nicht, wie Oben erwähnt, von einer wissenschaftlichen, in der Erfahrungen intersubjektive oder gar objektive Gültigkeit erlangen können; beispielsweise in der Statistik.

durch diesen qualitativen Moment konstituiert wird.
Die Erfahrung ist hiernach dem Erlebnis grundverschieden, dennoch kann ein Erlebnis, im Nachhinein zur Erfahrung werden. Ein Erlebnis könnte Annahmen negieren, retrospektiv Zeitlichkeit erzeugen und in Bezug auf Informationen offen sein. In diesem Falle wäre die Perspektive auf eine Situation ausschlaggebend; ein Subjekt, das sich innerhalb eines speziellen Augenblicks befindet, könnte durchaus *erleben*, während dieselbe Person innerhalb dieser Situation gleichwohl eine *Erfahrung* machen könnte.

6 Schlussbetrachtung

Bungee ist als Erlebnisphänomen und Ausdruck des Erlebnismarktes als prototypische Inszenierung des urtümlichen Erlebens anzusehen. Aus diesem Grunde eignet es sich besonders für die Analyse der Erlebnisqualität, da es sich im semantischen Zentrum des Erlebnisses befindet. Die Analyse der Interviews mit den Bungee-Erstspringern förderte Elemente zutage, die mittels einer theoretischen Komplementierung die Abstraktion einer analytischen Konzeption von Erlebnis ermöglichten. Vier Erlebniskonstituenten ließen sich identifizieren: Die *außeralltägliche Qualität*, die *doppelte Transzendenz*, die *Fokussierung* und die latente und subversive *iterative Limitation*. Diese Elemente sind sowohl erlebnisimmanent, als auch erlebnisevozierend, sie stehen aus diesem Grunde, prototypisch für alle Erlebnisse. Das Beispiel und Objekt der Analyse wurde gewählt, da es in seiner heutigen Ausprägung nicht nur Aushängeschild für Erlebnis und Freiheit ist, sondern gleichfalls für das Überwinden von eigenen Ängsten, für das Durchbrechen von Grenzen, für eine Art Initiation und für vieles mehr steht. Bungee wurde unter der Prämisse zweier Theorien in einen aktuellen gesellschaftlichen Kontext eingebunden. Hierbei konnte gezeigt werden, dass die unbewusste ordalische Figur (vgl. Kapitel 4.1.1, 4.1.2), die sich durch eine (symbolische) Todesnähe auszeichnet, einen Anteil am Erlebnis des Bungee-Springens hat. Durch die bestandene Prüfung des Schicksals, konstituiert sich subjektiver Lebenssinn und gesteigerte Lebenslegitimation. Darüber hinaus konnte ebenfalls aufgezeigt werden, dass Bungee-Sprünge als Übergangsrituale fungieren (vgl. Kapitel 4.2.1, 4.2.2). Die *liminale Phase*, die in Ritualen zu finden ist, gleicht dem Außeralltäglichen, das einen zentralen Stellenwert innerhalb dieser Arbeit einnimmt. Während dieser Phase ist das Subjekt losgelöst von Gesellschaft und Struktur. Genau genommen kann es an diesem Punkt zu einer Auflösung des Subjekts kommen, in dem das „Ich" entgrenzt wird.

Das Außeralltägliche ist eine Attribution, die unabhängig von spezifischen Manifestationen von Erlebnissen den „besonderen" Charakter arrangiert. Die hier vorgestellte Konzeption von Erlebnis ermöglicht es, Angebote und Erfahrungsmuster derart zu analysieren, sodass eindeutig beurteilt werden kann, ob wirklich ein außeralltägliches Erlebnis offeriert wird. Denn nur ein wahres und außeralltägliches Erlebnis kann die Entgrenzung, die Freiheit und die Zufriedenheit, die in derartigem Maße begehrt ist, ermöglichen.

Diese Deutungen untermauern verschiedene Interpretationen des modernen Bungee. So kann die aktive Überwindung subjektiver Grenzen einen neuen Lebensabschnitt einleiten oder Bungee kann in entsprechendem Kontext als Mutprobe gedeutet werden. Bungee instrumentalisiert den Körper, unterwirft diesen und führt ihn mit seinem erbarmungslosen Charakter zum Erlebnishöhepunkt.

7 Literatur

Balint, Michael: Angstlust und Regression. Beitrag zur psychologischen Typenlehre. Reinbek 1972

Bollnow, Otto Friedrich: Der Erfahrungsbegriff in der Pädagogik. In: Bilstein, Johannes; Peskoller, Helga (Hg.) Erfahrung – Erfahrungen. Wiesbaden 2013

Caillois, Roger: Der Mensch und das Heilige. Durch drei Anhänge über den Sexus, das Spiel und den Krieg in ihren Beziehungen zum Heiligen. München, Wien 1988

Caillois, Roger: Die Spiele und die Menschen. Maske und Rausch. Frankfurt a.M., Berlin, Wien 1982

Csikszentmihalyi, Mihaly: Das flow-Erlebnis. Jenseits von Angst und Langeweile. Im Tun aufgehen. Stuttgart, 7. Aufl. 1999

Dewey, John: Erfahrung und Natur. Frankfurt a.M. 1995

Dittrich, Adolf (Hg.); Hofmann, Albert (Hg.); Leuner, Hanscarl (Hg.): Welten des Bewusstseins. Band 1. Ein interdisziplinärer Dialog. Berlin 1993

Dittrich, Adolf (Hg.); Hofmann, Albert (Hg.); Leuner, Hanscarl (Hg.): Welten des Bewusstseins. Band 3. Experimentelle Psychologie, Neurobiologie und Chemie. Berlin 1994

Elias, Norbert: Über die Zeit. Arbeiten zur Wissenssoziologie II. Baden-Baden 1984

Enser Stephan: Soziales Extremverhalten: „Maske“ und „Rausch“, “Chocks“ und „Events“. Vom Initiationsritus zur Freizeitindustrie. Würzburg 2001

Gadamer, Hans-Georg: Wahrheit und Methode. Grundzüge einer philosophischen Hermeneutik. Tübingen, 4. Aufl. 1975

Gebhardt, Winfried: Fest, Feier und Alltag. Über die gesellschaftliche Wirklichkeit des Menschen und ihre Deutung. In: Europäische Hochschulschriften, Reihe 22, Soziologie, Bd. 143. Frankfurt a.M. u.a. 1987

Geserer, Anselm: Spiel im Zentrum des Kindes. Die Emanzipation des Spielobjekts

– Playmobil®. In: Köpper, Hannah (Hg.); Szabo, Sacha (Hg.): Playmobil® durchleuchtet. Wissenschaftliche Analysen und Diagnosen des weltbekannten Spielzeugs. Marburg 2014

Glaser, Jason: Bungee Jumping. Mankato, Minnesota 1999

Hackett, Alan John; Aldworth, Winston: Jump Start. The ultimate adrenalin rush! Glenfield, Auckland 2006

Heckmair, Bernd; Michl, Werner: Erleben und Lernen. Einführung in die Erlebnispädagogik. München, 7. Aufl. 2012

Heintze, Joachim; Bock, Peter (Hg.): Lehrbuch zur Experimentalphysik. Band 1: Mechanik. Berlin, Heidelberg 2014

Helfferich, Cornelia: Die Qualität qualitativer Daten. Manual für die Durchführung qualitativer Interviews. Wiesbaden, 4. Aufl. 2011

Huizinga, Johan: Homo Ludens. Vom Ursprung der Kultur im Spiel. Hamburg 1956

Kluge, Friedrich: Etymologisches Wörterbuch der deutschen Sprache. Bearbeitet von Elmar Seebold. Berlin, Boston, 25. durchg. u. erw. Aufl. 2011

Köppern, Antje: Bungee-Springen. Achen 1993

Krause, Detlef: Luhmann-Lexikon. Eine Einführung in das Gesamtwerk von Niklas Luhmann. Stuttgart, 4. Aufl. 2005

Kruse, Jan: Arbeit und Ambivalenz. Die Professionalisierung Sozialer und Informatisierter Arbeit. Bielefeld 2004

Kruse, Jan: Qualitative Interviewforschung. Ein Integrativer Ansatz. Basel, Weinheim 2014

Le Breton, David: Lust am Risiko. Von Bungee-jumping, U-Bahn-surfen und anderen Arten das Schicksal herauszufordern. Frankfurt a.M., 1. Aufl. 1995

Legnaro, Aldo: Ansätze zu einer Soziologie des Rausches. Zur Sozialgeschichte von

Rausch und Ekstase in Europa. In: Völger, Gisela (Hg.); Von Welck, Karin (Hg.): Rausch und Realität. Drogen im Kulturvergleich. Bd. 1. Stuttgart 1982

Legnaro, Aldo: Zur Soziologie von Rausch und Ekstase. In: Kemper, Peter (Hg.); Sonnenschein, Ulrich (Hg.): Sucht und Sehnsucht. Rauschrisiken in der Erlebnisgesellschaft. Stuttgart 2000

Lessing, Hans-Ulrich: Wilhelm Dilthey. Eine Einführung. Köln, Weimar, Wien 2011

Lewandowski, Theodor: Linguistisches Wörtebuch 1,2,3. Heidelberg, Wiesbaden, 6. Aufl. 1994

Lipp, Thorolf: Gol – das Turmspringen auf der Insel Pentecost in Vanuatu. Beschreibung und Analyse eines riskanten Spektakels. Berlin, Wien 2008

Lucius-Hoene, Gabriele; Deppermann, Arnulf: Rekonstruktion narrativer Identität. Ein Arbeitsbuch zur Analyse narrativer Interviews. Wiesbaden, 2. Aufl. 2004

Luhmann, Niklas: Risiko und Gefahr. In: Krohn, Wolfgang (Hg.); Krücken, Georg (Hg.): Riskante Technologien: Reflexion und Regulation. Einführung in die sozialwissenschaftliche Risikoforschung. Frankfurt a. M. 1993

Luhmann, Niklas: Soziologie des Risikos. Berlin, New York 1991

Lyster, Martin: The Strange Adventures of the Dangerous Sports Club. London 1997

Opaschowski, Horst W.: Vom Versorgungs- zum Erlebniskonsum. Die Folgen des Wertewandels. In: Nickel, Oliver (Hg.): Event Marketing. Grundlagen und Erfolgsbeispiele. München 1998

Peskoller, Helga: Erfahrung/en. In: Bilstein, Johannes; Peskoller, Helga (Hg.): Erfahrung – Erfahrungen. Wiesbaden 2013

Piaget, Jean: Nachahmung, Spiel und Traum. Die Entwicklung der Symbolfunktion beim Kinde. Stuttgart 1996

Plessner, Helmut: Die Stufen des Organischen und der Mensch. Einleitung in die philosophische Anthropologie. Berlin, New York 1975

Popper, Karl: die beiden Grundprobleme der Erkenntnistheorie. Aufgrund von Manuskripten aus den Jahren 1930-1933. Hrsg: Hansen, Troels Eggers. Tübingen, 2. Aufl. 1994

Rätsch, Christian: Zur Ethnologie veränderter Bewußtseinszustände. In: Dittrich, Adolf (Hg.); Hofmann, Albert (Hg.); Leuner, Hanscarl (Hg.): Welten des Bewusstseins. Band 1. Ein interdisziplinärer Dialog. Berlin 1993

Rousseau, Jean-Jacque: Emil oder über die Erziehung. Paderborn, München, Wien, Zürich, 13. Aufl. 1998

Schäfer, Anton: Handbuch zur Durchführung von Action – Sport – Veranstaltungen. Dornbirn, 4. Aufl. 1998

Schmidt, Heinrich; Schischkoff, Georgi (Hg.): Philosophisches Wörterbuch. Neu bearb. von Georgi Schischkoff. Stuttgart, 22. Aufl. 1991

Schulze, Gerhard: Die Erlebnisgesellschaft. Kultursoziologie der Gegenwart. Frankfurt a.M., New York, 8. Aufl. 2000

Schulze, Gerhard: Die Zukunft der Erlebnisgesellschaft. In: Nickel, Oliver: Event Marketing. Grundlagen und Erfolgsbeispiele. München 1998

Schweizer, Jochen: Warum Menschen fliegen können müssen. München 2010

Simmel, Georg: Philosophische Kultur. Neu-Isenburg 2008

Steuten, Ulrich: Das Ritual in der Lebenswelt des Alltags. Gießen 1998

Szabo, Sacha: Airtime. Die Geschichte der Achterbahn aus der Sicht der Wissenschaft. Kindle-Edition 2013

Szabo, Sacha-Roger: Rausch und Rummel. Attraktionen auf Jahrmärkten und in Vergnügungsparks. Eine soziologische Kulturgeschichte. Bielefeld, Freiburg i.Br., 2006

Szabo, Sacha: Free Falling. Über die Lust am Fallen. Universitätsbibliothek Freiburg, Online-Ressource 2010

Turner, Victor: Das Ritual. Struktur und Anti-Struktur. Frankfurt a.M., New York, Neuaufl. 2005

Van Gennep, Arnold: Übergangsriten. Les rites de passage. Frankfurt a.M., New York, 3. Aufl. 2005

Warwitz, Siegbert: Sinnsuche im Wagnis. Leben in wachsenden Ringen. Erklärungsmodelle für grenzüberschreitendes Verhalten. Hohengehren 2001

Weber, Max: Wirtschaft und Gesellschaft. Grundriss der verstehenden Soziologie. Frankfurt a.M, 3. Aufl. 2005

Digitale Quellen:

Strube, Gerhard (Hg); u.a.: Wörterbuch der Kognitionswissenschaft (Digitale Ausgabe).
Klett-Cotta 2001. Artikel: Skript (script)

Artikel:

Muller, Kal: Land Diving With the Pentecost Islanders. In: National Geographic, Dec 1970, Vol. 138, No. 6, S. 799-817

Johnson, Electa; Johnson, Irving: South Seas' Incredible Land Divers. New Hebrides Islanders Prove Their Manhood by Leaping Headfirst to Earth from a 65-foot Jungle Tower. In: National Geographic, Jan 1955, Vol. CVII, No. 1, S. 77-92

Links:

http://www.bbc.co.uk/iplayer/episode/p00y207q/The_People_of_Paradise_The_Land_Divers_of_Pentecost/
Zugriff: 10.04.2014 über einen britischen Proxy: Ip: 217.199.162.184, Port: 8080.

http://www.freidok.uni-freiburg.de/volltexte/7742/pdf/fallen_9.10.10.pdf
Zugriff: 12.04.14.

http://presse.jochen-schweizer.de/pressemappe/zur-person/
Zugriff: 14.04.2014.

http://presse.jochen-schweizer.de/jochen-schweizer-von-der-bungee-bude-zur-unternehmensgruppe/
Zugriff: 14.04.2014.

http://www.bungee-jump.net/
Zugriff: 14.04.2014.

http://www.zeitschrift-sportmedizin.de/fileadmin/externe_websites/ext.dzsm/content/archiv1999/Heft02/1999_02_BUNGEE%20SPRINGEN.pdf
Zugriff: 22.04.2014.

http://www.phid.de/inhalt/ursprungalsbungee.htm
Zugriff: 25.04.14
http://www.welt.de/print-welt/article247957/Toedlicher-Unfall-beim-Bungee-Springen-in-Dortmund.html
Zugriff: 29.04.2014.

http://www.sueddeutsche.de/muenchen/nach-toedlichem-unfall-jochen-schweizer-will-bungee-anlagen-wieder-oeffnen-1.665291
Zugriff: 29.04.2014.

http://www.fr-online.de/panorama/dortmund-strafverfahren-nach-bungee-unfall-eingestellt,1472782,6585636.html
Zugriff: 29.04.2014.

http://archiv.rhein-zeitung.de/on/00/05/14/topnews/bungee.html
Zugriff: 29.04.2014.

http://www.nzz.ch/aktuell/startseite/ article8503T-1.390437
Zugriff: 29.04.2014.

http://www.soziologie.uni-freiburg.de/personen/kruse/texte/manual/at_download/file
Zugriff: 19.05.2014.

8 Anhang

8.1 Erlebnisbericht eines Bungeesprungs

Am Morgen des 26.04.2014 machte ich mich auf den Weg von Freiburg nach München, mit dem Ziel die Erlebnisqualität während eines Bungee-Sprunges zu untersuchen.

Ich lud also den auserwählten Kameramann und eine Mitfahrerin ins Auto und fuhr los Richtung München. Nach einer mehr oder weniger komplikationslosen Fahrt und dem Abholen und Einladen der Kamera in München, was mit etwas umher irren in der Stadt verbunden war , kamen wir schließlich in Oberschleißheim an der ersten offiziell eröffneten Bungeeanalage Deutschlands an. Diese befindet sich direkt und über der Olympia Ruderregatta und wird von Jochen Schweizer betrieben.

Das anwesende Personal hatte an diesem Tag, einem Tag vor der Bungee Sessioneröffnung, eine *Teamerschulung*. Diesem Umstand geschuldet, warfen Sie tote Gewichte von der Plattform, seilten sich und andere ab und führten sonstige Sicherheitsübungen durch. Die Belegschaft begrüßte mich ausgesprochen freundlich und kooperativ, ich glaube es waren sechs oder acht Personen. Entweder hantierten sie gerade mit irgendwelchen Seilen, Klettergeschirren oder sonstiger Outdoorausrüstung herum, oder sie standen entspannt herum und unterhielten sich oder witzelten. Trotz der lockeren und freundlichen Art, spürte ich die Professionalität der Angestellten im Umgang mit den Materialien und den Prozeduren rund um die Bungeeanlage, dennoch half mir die gute Stimmung nicht, die Aufregung und das Unbehagen, das langsam in mir aufkam, zu beruhigen oder zu unterdrücken.

Wir besprachen den Ablauf und vereinbarten, dass mein erster Interviewpartner (der erfahrene Springer) nun springen und ich im Anschluss das Interview mit ihm führen würde und darauf folgend die Zeit für meinen Partner und mich gekommen wäre. Der Sprung des Mitarbeiters verlief relativ zügig und ohne besondere Vorkommnisse; er wurde mit seiner Begleitung nach oben transportiert, dabei streckte er schon die Arme aus um eine gutes Bild mit der GoPro zu erzeugen. Ich dachte daran, dass ich der Technik vertraue, mir bedauerlicherweise jedoch nicht; ich dachte daran, dass nur die Wahrnehmung der Höhe schwierig für mich werden würde; ich dachte daran, wie ich letzte Woche im Hallenbad in Freiburg auf dem zehn Meter Sprungturm stand und mir die Höhe zu schaffen machte, hier würde es fünfmal so hoch sein und Ich dachte ebenfalls daran, dass das Zuschauen meine Spiegelneuronen aktiviert und ich von hier Unten keine Höhenangst habe, demnach würde es später ja auch kein Problem werden. Als ich bemerkte, wie ich versuchte mich zu belügen, tröstete ich mich damit, dass ich mich lediglich hier unten in den Korb des Kranes zu stellen brauche und der Rest von einem technisch gesteuerten Ablauf übernommen werden würde, dem ich nicht mehr entfliehen könnte; denn wenn sich der Kran einmal in

Bewegung gesetzt hat, zieht er es auch durch, und wenn Ich oben stehe, ist die Angst so oder so da, da kann ich mich auch fallen lassen.
Hendrick* lässt sich fallen, wie ein Brett und mit ausgebreiteten Armen fällt er Kopfvoraus gen Erdboden oder in diesem Falle Richtung Wasser, kurz vor dem Wasser hemmt das Seil seinen Sturz und schleudert ihn gen Himmel, der Richtung aus der er gekommen war, auf etwa 70 Prozent der Gesamthöhe, im zweiten Rebound vollführt er eine elegant aussehende, seitliche Drehung und pendelt nun langsam und locker aussehend aus. Jetzt freue ich mich auf den Sprung und kann es kaum erwarten den freien Fall zu erleben. Der Kran schwenkt in unsere Richtung und lässt den Springer über einer dort positionierten Matte ab, er wird dort von seinen Kollegen in Empfang genommen. Kurz darauf gehe ich mit ihm ganz oben auf die danebengelegene Tribüne und führe das Interview mit ihm. Ich konzentriere mich und versuche durch die Fragen bei ihm einen Erzählfluss hervorzurufen. Währenddessen werden Unten weitere Übungen durchgeführt. Als wir fertig sind gehen wir Richtung Kran und mir wird klar, dass es nun ernst wird. Uns werden Klettergurte angelegt und festgezogen, es ist etwas unangenehm, doch die Gewöhnung freundlich. Ich stelle mich auf ein Podest und von Hinten werden mir Polsterungsmanschetten um die Beine gelegt, mit endlos genähten Bandschlaufen umschlungen und durch sich selbst festgezogen und zwar richtig festgezogen. Das gefällt mir, es suggeriert mir Sicherheit. Die Überlänge wird erneut um das Bein oberhalb des Fußes geschlungen und noch einmal durch sich selbst angezogen. Dann werde ich zu dem Metallkorb geführt, der an einem Stahlseil, das irgendwie sehr dünn aussieht befestigt ist. Es erinnert mich an die Stahlseile von Sesselliften, die auch immer verdächtig dünn aussehen. Zwei oder drei der Anwesenden stehen um mich herum und zurren an Riemen, Seilen oder Bändeln; die Aktioncam wird mir um die Brust geschnallt, sodass mein Kopf von unten her gefilmt wird. Mein Kameramann, der mit nach oben fährt um von dort zu Filmen bereitet sich ebenfalls vor und wird währenddessen von einer lässig dastehenden jungen Frau gefragt, ob er denn außen oder innen mitführe. Auf seine Frage was denn für ihn besser sei, hören wir kurz, knapp und trocken: „na, außen". Kurzerhand wird er außen an dem Korb befestigt, schaut leicht verunsichert, doch realisiert schnell, dass er aus der Nummer nicht mehr rauskommen wird.
Ich stelle mich nun in den Korb auf die Plattform und zwar so, dass die Hälfte der Füße darüber hinaus ragt. Das Varioseil, das das Bungeecord mit mir verbindet, ist schon befestigt; ich freue mich zwar, doch würde gerne zur Beruhigung alle Verbindungspunkte sehen, leider geht das nicht, da sie von dem Krankorb verdeckt werden. Ich höre das Geräusch des Kranes und merke, wie der Korb nach oben gezogen wird; ich merke ebenfalls, wie das Gewicht des Bungeecords an meinen Füßen zieht, so dass das Gefühl entsteht jeden Moment herausgezogen zu werden. Ich klammere

mich an die Stahlgriffe, die sich Links und Rechts auf Hüfthöhe befinden und die eigentlich nur die Verlängerungen von Querstreben des Stahlkorbes sind; an einer dieser Strebe hängt, allerdings auf der anderen Seite, mein Begleiter und filmt. Um mich von der Höhe und die anderen von meiner Unsicherheit abzulenken sage ich so locker es mir möglich ist: „habe ich erwähnt das ich Höhenangst habe?“ Mit der lachenden Antwort, dass jeder Höhenangst habe, kann ich in diesem Moment relativ wenig anfangen, also lege ich mit einer Beteuerung nach, hier ernte ich allerdings ein erneut lachendes „na dann Glückwunsch“. Die Höhe macht mir zu schaffen, deshalb folge ich dem Rat die Landschaft zu genießen und in die Ferne zu schauen, das hilft ein bisschen. Ich denke daran, dass das einer der niedrigsten Bungeesprunghöhen ist, die es gibt; es sind „nur“ 50 Meter; das ärgert mich ein bisschen, rein prinzipiell. Wir sind Oben und mir wird erklärt, wie ich die Arme halten muss um das Wasser zu brechen und dass ich mit einer starken Körperspannung wie ein Brett nach vorne fallen soll. Die Sicherung an meinem Rücken wird gelöst und nun lediglich von Hand gehalten. Ich bin froh über die hier vorherrschende statische Prozedur. Unten hab ich irgendwann vorher darum gebeten mich doch zu schubsen, sollte ich nicht springen, allerdings, so wurde mir gesagt, ist das hierzulande nicht erlaubt, Springen muss ich demnach selbst. Ich schaue nach Unten und in diese Richtung rutscht bei dem sich mir darbietenden Anblick auch mein Herz. Die Aussicht ist wunderschön, viel Grün Drumherum, das Gebirge, das Wasser und die Tiefe. Zu meinem Vorteil muss ich den Kopf leicht nach hinten strecken und mein Handgelenk über dem Kopf greifen, so sehe ich die Tiefe für den Moment nicht mehr. Ich bestätige, dass ich alles verstanden habe, das war im Nachhinein betrachtet eigentlich schon der Sprung, denn ich habe keine Gelegenheit mehr zu warten oder mich zu entscheiden. Ich höre: „3 – 2 – 1 – Bungee – Viel Spaß“ und kippe nach Vorn…

Jetzt sehe ich die Tiefe wieder, ich merke, dass selbst wenn ich wollte, ich mich nicht mehr halten könnte. Dieser im Vergleich lange Moment ist unglaublich intensiv. Ich sehe was ich vor mir habe, spüre dass es kein Zurück mehr gibt, aber berühre noch die Plattform. Ich verkrampfe komplett und beschleunige unwiderruflich und erbarmungslos Richtung Boden; Ich bin mir nicht sicher ob es ein konzentrierter oder ein wahrnehmender Zustand ist, in dem ich mich befinde. Ich spüre den Wind, irgendwie meinen Körper und schließlich die Fußmanschette und die Schlinge wie sie sich zuzieht, während mir die Wasseroberfläche weiterhin schonungslos entgegenrast. Ich rutsche ein klein wenig in den Manschetten und finde das ein bisschen beunruhigend, doch bin ich auch in diesem Moment so rational, dass mir klar ist, dass alles soweit korrekt vonstattengeht. Ich spüre, wie sich das Bungee spannt und mich bremst, hauptsächlich an der G-Kraft die jetzt auf mich wirkt; mein träger und beschleunigter

Körper wird von dem Latexgummiseil entgegen meiner Fallrichtung in die Höhe gezogen, das lässt die Blutkonzentration in meinem Kopf erheblich ansteigen. Schlagartig, direkt beim Rebound, realisiere ich, dass nichts passiert ist, dass das Seil hält, ich nicht ins Wasser klatsche und im Folgenden die Belastung auf das Seil diese Intensität nicht mehr erreichen wird. Ich entspanne mich etwas, öffne beim nach oben schnellen meine Arme und Beine und schreie ein „wuhuuuuu" in die Luft. Das ist der Moment, der einen Sekundenbruchteil Schwerelosigkeit in sich birgt. Ich schließe meine Arme wieder über meinem Kopf, so wie es mir erklärt wurde und rase erneut Richtung Erdoberfläche. Die Spannung und die Intensität des ersten Falls, sind hierbei allerdings unübertroffen. Wenn ich Worte finden sollte, so lägen sie irgendwo bei *schonungs-* und *erbarmungslos,* bei *hochbeschleunigt* und *verrückt.* Alles was jetzt kommt, beeindruckt mich weniger, ich pendle da kopfüber noch etwas rum und merke wie mir das Blut in den Kopf läuft, der Kran bewegt sich wieder Richtung „base" und ich denke darüber nach, dass solche Sprünge unnatürlich sind. So etwas hat noch nie zum menschlichen Leben gehört, mir fällt im Moment keine anthropologische Konstante ein, die so etwas begünstigt hätte. Es ist eine artifizielle und abstrakte Situation, 50 Meter über der Erdoberfläche zu hängen, von nichts Festem umgeben und sich dann auch noch da runter zu stürzen. Ich schaue mich um und versuche die Basis im Blick zu behalten, was schwierig ist, da ich mich um die eigene Achse drehe, es gelingt mir nicht. Dieser Situation ausgeliefert zu sein, ist relativ unangenehm, doch ich würde sie JEDERZEIT wieder in Kauf nehmen, um noch einmal, so künstlich und unnatürlich das auch sein mag, kopfüber runterkippen und fallen zu können. Ich befinde mich nun über der Auffangmatte, das Seil wird abgelassen, meine Hände werden gegriffen und ich mit dem Gesicht nach Oben über die Matte gezogen. Während ich langsam abgelassen werde, greift jemand das Bungeecord und legt es beinahe behutsam im Kreis auf die Plane, welche die Matte und den Boden des Arbeitsbereiches bedeckt. Vergleichsweise zügig wird das Seil zwischen meinen Füßen gelöst und mir erneut die Hände gereicht, so dass ich aufstehen kann. Die Stimmung ist wie zuvor einladend gut und locker. Ich werde umgehend zu dem Podest geführt und als ich darauf stehe, werden mir die Fußmanschetten gelöst. Auf die Frage, ob es mir gefallen hätte, sage ich so etwas wie: „hammer; ich fands mega fett!" Ich traue mich nicht zu sagen, dass ich gerne direkt nochmal springen würde und am liebsten von einer höheren Position. Ich erinnere mich an den theoretischen Teil meiner Arbeit und dass bei Innsbruck von der Europabrücke 192 Meter Sprünge angeboten werden; ich beschließe in diesem Moment, das in naher Zukunft anzugehen!

*Name geändert.

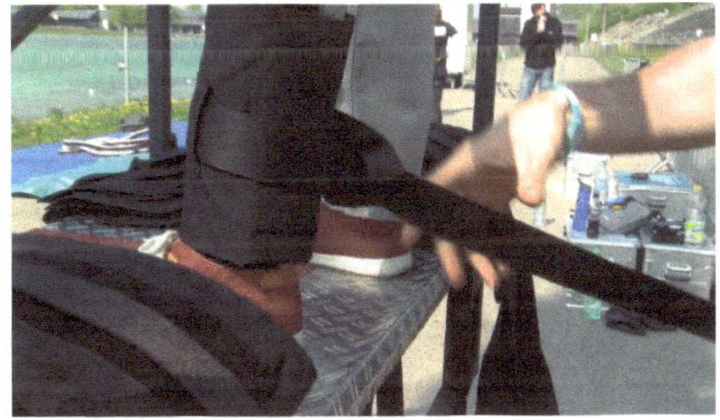

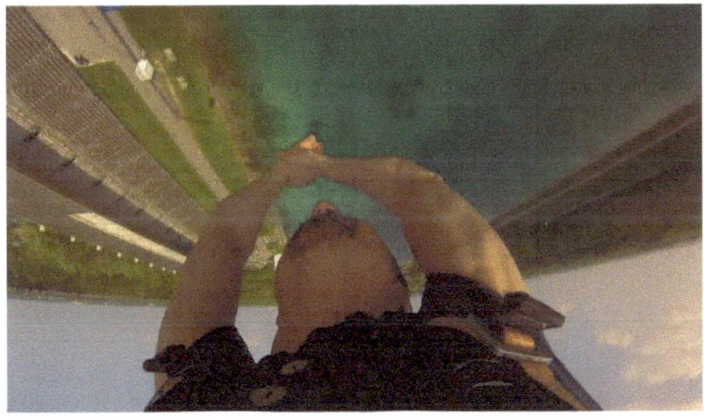

8.2 Vorbereitung der Interviews

8.2.1 Leitfrage vor dem Sprung:

Leitfrage 0 *Erwartung*

A) Erzähle mir bitte von deinen Erwartungen über das Event auf deiner Fahrt hier her...

B) Hat sich etwas verändert, als du hier angekommen bist?

Inhaltliche Aspekte	**Konkrete Nachfragen**	**Aufrechterhaltungsfragen**
- Erwartung Sprung - Befinden Hinweg - Befinden in Nähe der Anlage - Gefühleinschätzung Sprung	- Wie hast du dich bei/in Bezug auf ... Gefühlt? - Was glaubst du, wie du dich während des Sprunges fühlen wirst?	- noch weitere Vorstellungen? - noch andere Erwartungen?

8.2.2 Leitfragen nach dem Sprung:

Leitfrage I *Allgemein/Einleitend*

Kannst du mir bitte allgemein von deinen Erfahrungen und Erlebnissen mit Extremsport und Aktivitäten die dich „fesseln“ erzählen?

Inhaltliche Aspekte	**Konkrete Nachfragen**	**Aufrechterhaltungsfragen**
- wie oft gemacht - Extremsport - Adrenalin	Wie hast du dich bei dieser Aktivität gefühlt?	- noch weitere Aktivitäten?

Leitfrage II *Spezifisch*

Kannst du mir bitte von diesem Sprung berichten?

Inhaltliche Aspekte	**Konkrete Nachfragen**	**Aufrechterhaltungsfragen**
- Sprungerleben (fühlen, denken, erleben) - Fokus Konzentration - sonstige Gedanken (an etwas Spezielles gedacht, sonst nicht) - Wahrnehmung - Umwelt - Körper - Zeit - Kontrolle Situation - Ich – Welt Relation - Emotionen: Freude, Angst, Gleichgültigkeit...	Bezogen auf Inhalt	- sonst noch etwas? - was hat dich noch beschäftigt? - was ist dir sonst noch aufgefallen? - sind da vllt. Dinge, von denen du annimmst sie könnten uninteressant für mich sein?

Leitfrage III *Im Nachhinein* Wie fühlst du dich jetzt, nach dem Sprung?		
Inhaltliche Aspekte	**Konkrete Nachfragen**	**Aufrechterhaltungsfragen**
- Gefühl nach dem Sprung - Differenz: Erwartung, Erlebnis, Jetzt.	- kannst du mir Unterschiede beschreiben?	- sonst noch etwas?

Leitfrage IV *Allgemein/Deutung Ritus* Kannst du mir erzählen was du allgemein über Bungee weißt, oder dir darüber vorstellen kannst?		
Inhaltliche Aspekte	**Konkrete Nachfragen**	**Aufrechterhaltungsfragen**
- Wissen über Bungee - Herkunft? - Bedeutung: - Allgemein - für Person - für Gesellschaft - Urtümlichkeit - Authentizität - Ritual?	- Was weißt du darüber? - Was glaubst du, was es bedeuten könnte? - was kannst du dir darüber Vorstellen?	- fällt dir hierzu noch etwas ein? - was könnte es noch bedeuten?

8.2.3 Suggestivfragen, die am Ende des Interviews gestellt wurden:

1) Was fällt dir zu den Stichworten „Bungee“ und „Verschmelzen“ ein?
2) Was fällt dir zu den Stichworten „Bungee“ und „Erlebnis“ ein?
3) Was fällt dir zu den Stichworten „Bungee“ und „Erfahrung“ ein?

8.2.4 Einwilligungserklärung der Interviewteilnehmer:

Einwilligungserklärung:
Forschungsprojekt: Bungee

- Einwilligungserklärung –

Ich bin über das Vorgehen bei der Auswertung der persönlichen, „freien" Interviews mit einem Handzettel informiert worden (u.a.: die Abschrift gelangt nicht an die Öffentlichkeit, Anonymisierung bei der Abschrift, Löschung der Aufnahme, Löschung von Namen und Telefonnummer, Aufbewahrung der Einwilligungserklärung nur im Zusammenhang mit dem Nachweis des Datenschutzes und nicht zusammenführbar mit dem Interview).
Ich bin damit einverstanden, dass einzelne Sätze, die aus dem Zusammenhang genommen werden und damit nicht mit meiner Person in Verbindung gebracht werden können, als Material für wissenschaftliche Zwecke und die Weiterentwicklung der Forschung genutzt werden können.
Unter diesen Bedingungen erkläre ich mich bereit, das Interview zu geben und bin damit einverstanden, dass es aufgenommen, abgetippt, anonymisiert, ausgewertet und ggf. veröffentlicht wird.

Name:...

Unterschrift................................ (Ort), den.................................

8.2.5 Niederschrift über die Verpflichtung auf das Datengeheimnis:

- Niederschrift über die Verpflichtung auf das Datengeheimnis -

Herr/Frau ____________, geboren am ___________ wurde zur Wahrung des Datengeheimnisses verpflichtet.
Die Daten dienen ausschließlich wissenschaftlichen Zwecken und unterliegen den Gesetzen der Wahrung des Datenschutzgeheimnisses. Es ist untersagt, geschützte personenbezogene Daten unbefugt zu einem anderen, als dem zur jeweiligen rechtmäßigen Aufgabenerfüllung gehörenden Zweck zu verarbeiten, bekannt zu geben, zugänglich zu machen oder sonst zu nutzen. Diese Pflichten bestehen auch nach Beendigung der Tätigkeit fort.
Ich erkläre mich bereit diese Pflichten zu erfüllen.

Datum, Unterschrift der/des Verpflichteten und Bestätigung durch den/die Verpflichtende/n, dass die Unterschrift in dessen Gegenwart geleistet wurde.

....

....

Vielen Dank, dass Sie an dem Interview teilgenommen haben!

Wie beschrieben werden alle persönlichen Daten streng vertraulich behandelt und nach sozialwissenschaftlichen Standards anonymisiert.
In erster Linie sind die Inhalte für meine Magisterarbeit gedacht, jedoch ist darüber hinaus eine Publikation geplant.
Bei weiteren Fragen können Sie sich gerne an mich wenden:

Anselm Geserer
Kehlerstraße 4
79108 Freiburg
anselm-geserer@posteo.de

8.2.7 Interview Protokollbogen

Interview Protokollbogen
!!!Nach dem Interview auszufüllen!!!

Interview Code Nr.

Interviewer: ____________

Datum: _______________ Dauer_________Min.
Ort: _______________
Kontakt

Teilnahmemotivation: (Außerhalb des Interviews oder im Interview erfragt)

Zusätzliche Informatione, besondere Vorkommnisse bei Kontaktierung oder im Interview:Atmosphäre:

Interaktion und schwierige Passagen:

Befragte/r:

Alter: ____________
Ausbildung: ____________
Beruf: ____________
Kinder: ____________
Familienstand: ____________

8.3 Transkripte der Interviews

8.3.1 Interview mit dem Vielspringer

I kannst du mir bitte allgemein von deinen erfahrungen und erlebnissen mit extremsport erzählen und aktivitäten die dich fesseln? 00:00:19-6

B also bungee is natürlich ne ne extreme herausvorderung immer äh den den sprung zu wagen und ä die höhe spielt da natürlich au ne große rolle [undeutlich] natürlich ä (2) äh immerer sehr viel spaß (1) man äh dann feddich is (lach) aber wenn man äh hochfährt dann hat man dieses leichte gribbeln im bauch und dis is eigntlich immer der der aufregende Moment der verschwindet nie (1) also wird nie Routine 00:00:44-2

I okay und is dis jetzt speziell bei bungee oder machst du noch andere (1) solche Sachen? 00:00:48-2

B äh ich hab noch houserunning gemacht und baseflying (1) beim houserunning läuft ma ne Wand ähmim facedown runter (1) und ähm da is eben der der gribbelnde Moment wenn man sich über diese kante kippen lässt in die 90 Grad äh und dann is das wie n normales abseilen (1) und baseflying äh is die schnellste personabseilwinde deutschlands ähm (2) wird mitten von berlin runtergeflogen und ä (1) ja das issen extremer kick weil man hängt da 120 Meter hoch und dann wird aufn Knopf gedrückt und dann ä (1) wirst du da (1) äh sehr realistisch schnell abgeseilt 00:01:26-3

I okay cool danke äh kannst du mir jetzt von diesem sprung speziell berichten? 00:01:29-5

B (1) äh der sprung war (2) heute mein zweiter sprung und ich äh hab natürlich au wieder dieses gribbeln im bauch gespürt (2) und äh genau dann bin ich - hab mich normal kippen lassen ä wie mans ja normalerweise macht und (1) ja (2) 00:01:49-9

I hat dich irgendwie was besonderes beschäftigt? 00:01:55-2

B nee - in dem moment is man einfach nur so fixiert auf den auf den sprung äh dass man eben die

38 körperspannung wart - dass man ä grade kippt und das
39 man eben auch aufpasst wenn man dem wasser näher
40 kommt - dass man eben die augen schließt und ver
41 sucht das wasser zu brechen was in meinem (.5) fall
42 jetzt nicht der fall war ich hab vor dem Wasser
43 gestoppt (.5) aber das war sehr cool ja 00:02:16-7

44I wie is äm sonst so deine wahrnehmung? 00:02:20-3

45B (1) äh in wie fern? 00:02:21-7

46I ähm was nimmst du wahr wenn du da runterspringst?
47 00:02:23-6

48B äh ich nehm gar nichts wahr ich (1) flieg runnter
49 ich (1,5) m merke den Wind der mir entgegen kommt
50 ähm (1) merke diese extreme beschleunigung auf den
51 Körper (2) und (1) genau da wenn ich eintauche spür
52 ich natürlich auch des wasser 00:02:39-4

53I wie isses mit ähm kontrolle? 00:02:44-2

54B kontrolle hast du in dem moment ä nicht viel des
55 heißt du kannst nur drauf achten das eben grade mit
56 körperspannung runterkommst ähm (2,5) und ja des
57 andere is dann is dann sache des seiles der der
58 sicherung äh dann kann man nur noch kontrollieren
59 wenn man wieder im rebound nach oben schießt das du
60 eben dich nicht im seil verhedderst 00:03:08-7

61I okay und äm jetzt gibts ja eigendlich verschiedene
62 oder immer ein besonoderes ichgefühl wenn man sich
63 selbst quasie identifiziert quasie seine existens
64 spürt ähm wie ist das bei sonem sprung wie fühlst du
65 dich als person oder subjekt selbst? 00:03:26-0

66B ja ich fühl mich cool - wenn ich sowas mach [lach]
67 das äh is immer was besonderes un man man fühlt sich
68 dann auch n bisschen besonders weil es gibt auch
69 menschen die sich des soetwas nicht traun oder sowas
70 nicht machen können [Krangeräusch von
71 Bungeeplattform hörbar] und äh ja in dem moment fühl
72 ich mich (3) mächtig [lachen] 00:03:46-9

73I ähm ja - Emotionen? 00:03:50-3

74B äh diese extreme glücksgefühle am schluss also in

dem moment wo man fällt (1) hat man schon diese glücksgefühle - vorher is dieses leichtes gribbeln im bauch aber man weiß man hat schon so viele sprünge gemacht äh is noch nie was schief gegangen insofern äh (.5) is das jetzt kein problem dieses gribbeln dass man sagt igentwie nein ich machs doch nicht heute ähm (1) aber glücks(.5)gefühle hat man danach enorm 00:04:14-4

I wie ist sonst so dein gefühl zum körper während des sprungs - also wenn jetzt des - also ja 00:04:20-2

B ähh (.5) ja man merkt diese diese beschleunigung ä diese diese kraftwirkung äwenn du wenn du abbremst und ä dann auch wieder diese schwerelosigkeit wenn du im rebound oben stehst und bist wieder aufm nullpunkt ähm des is n cooles erlebnis genau und dann am schluss spürt man natürlich wie beinmanschetten sich äh enger um deinen beine schließen genau 00:04:42-0

I also ich nehm mal an du als erfahrener springer du weißt ja sicherlich wie lang so n sprung geht ähm wie fühlt sich des aber jetzt nur bezogen auf die zeit wie fühlt sich des an findest du da gibts ein unterschied zwischen zwischen der zeit die vergeht die du fühlst und zwischen der zeit von der du weißt dass sie vergeht weil du halt weißt wie lang so n sprung dauert? 00:05:00-5

B (.5) Ich glaub man merkt nicht wirklich ä den einen unterschied also man man erlebt des genauso wie es eigendlich auch is dass der fast sprung nicht länger der der freie flug nicht länger als als eine sekunde is du wirst natürlich langsam abgebremst un am schluss halt dann extrem aber eigendlich auch nach 10 metern des is normalerweise nach einer sekunde dann äh (.5) is der freifall schon vorbei und du merkst wie du im seil hängst also [schnauf] (1) genau ne die äh man merkt kein unterschied 00:05:27-5

I okay also aber zeit hast du schon (.5) irgdnwie im nachhinein oder auch beim sprung selbst? 00:05:33-0

B (.5) Zeit in wiefern? 00:05:34-2

I also spürst du wie die zeit vergeht - während du
springst? 00:05:37-0

B ja ich spür wie die zeit vergeht - also diese eine
Sekunde erlebt man ganz schnell aber man erlebt sie
natürlich auch sehr intensiv weil man natürlich ä
alles um sich rum schon bisschen wahrnimmt und äh
diese glücksgefühle des vielleicht des ein gaanz
kleines bisschen verlängern 00:05:52-8

I Okay äm danke erstmal heirzu wie fühlst du dich
jetzt nach dem Sprung? 00:05:56-9

B Ich fühl mich gut ä ich war jetzt grade fast bis
jetzt noch eigendlich ziemlich glücklich darüber
[lach] das alles gut gegangen is ich hatte meinen
spaß und ich freu mich auf mein nächsten sprung
00:06:08-4

I war irgendwas anders? 00:06:09-4

B äähm nein also ich bin vorher rückwärts gesprungen
des is nomal nomal n bisschen was anderes weil man
nicht sieht wo man hinspringt aber bei vorwärtz war
jetzt alles (.5) soweit - wie immer - wie gewohnt
00:06:23-7

I ähm jetzt ein bisschen anderes thema und zwar kannst
du mir allgemein von bungee erzähle - was was weißt
du über bungee oder was kannst du dir über bungee
vorstellen? 00:06:34-4

B also, Bungee is natürlich ne ne extremsportart die
die sehr beliebt is uund ähm (1,5) tja (1) jetzt
weiß ich nicht was ich sagen soll was 00:06:46-1

I okay ähm [lach] macht gar nix - was glaubst du -
könnte es irgendwas bedeuten? 00:06:56-5

B äh ich glaub man man versucht dadurch natürlich
diesen diesen freien fall den der den der mensch
nicht hat ä zu simuliern und eben diese diese
endorphinausschüttung dadurch zu verursachen ähm (1)
ja man versucht des natürlich für für jede Person
möglich zu machen mmh is eigendlich im prinzip
ähnlich dem dem Fallschirmsprung - nur dass du eben
nicht aus so extremer höhe springst und das du

natürlich immer an nem seil gesichert bist es gibt
ja manche Leu - es gibt manche leute die hängen
lieber am fallschirm es gibt Leute die haben lieber
son seil irgendwas greifbares - was - was sie
wisssen das hält ähm als als als Sicherung und äh
(.5) genau deshalb find ich bungee eigendlich ganz
ganz cool 00:07:39-9

I okay ähm was glaubst du - oder weißt du ähm wo
bungee herkommt? wie es entstanden ist - vielleicht?
00:07:47-1

B da hab ich mal ne reportage drüber geshen und auch
mich selber erkundigt - ich glaube das kommt nämlich
von einer insel äh die benutzen das so als
männlichkeitsritual das äh die springen an lianen äh
- die bekanntlich keine Federung haben und auf ä
hohen holztürmen und ähm (1) dann springen die
runter und wer am nächsten zum boden is, (.5) is
natürlich dann vom vom rang höher und äh - dabei
gibts natürlich auch immer schwere verletzungen -
aber äh (1) ich glaube das es daher kommt, ja
00:08:19-8

I okee und ähm also für die bedeutet es ja relativ
viel - wenn die springen so für die gesellschaft -
glaubst du es gibt auch hier irgendwie solche art
von von bedeutung - beim bungee? 00:08:30-4

B ich denke dass viele Leute damit ihre ihre angst
überwinden - dass sie sagen ich hab ich hab extreme
höhenangst und ich veruch jetzt den einen schritt
weiter zu gehen und diese angst zu besiegen und für
die is natürlich ähh ein bungeesprung meistens schon
genug aber die ham natürlich dadurch etwas erreicht
- also die sagen jawoll ich hab meine meine angst
überwunden ähm (.5) und jetzt kanns nur noch besser
werden - im fall es gibt natürlich auch Leute denen
denen macht das jetzt nichts aus - die machen des zu
jucks und dollerei zum spaß ähm [kran Dieselmotor
springt an] genau 00:09:01-4

I okay - fällt dir irgendwas zu zu - also man könnte
vllt zu dem auf der insel ritual sagen? 00:09:08-7

B genau 00:09:08-7

193I ähm (1) könnte des hier noch über die
194 selbstüberwindung hinaus - ne ähnliche bedeutung
195 haben? 00:09:16-2

196B hmmm (3) einfach dieser spaßfaktor find ich - also
197 des is ä sich is glaubich das was es den
198 bungeesprung ausmacht ähm - den suchen viele leute
199 immer wieder - diesen kick - dieses gribbeln im
200 bauch ähm da gibts ja ganz unterschiedliche weisen
201 wie man das erleben kann und äh ja viele Leute
202 erleben es beim bungee - ich glaub deshlab suchen
203 suchen sie öfter diesen kick 00:09:43-8

204I Okay - zum schluss hab ich noch ähm drei spezielle
205 fragen

206B {mhm}

207I ähm versuch intuitiv und schnell zu antworten - wenn
208 du nicht antworten magst oder kannst - is auch kein
209 problem 00:09:57-1
210 was fällt dir zu den Stichworten bungee und
211 verschmelzen ein? 00:09:58-8

212B (2,5) nichts [lach] 00:10:04-0

213I was fällt dir zu den stichworten bungee und erlebnis
214 ein? 00:10:06-3

215B (1) jochen schweizer 00:10:08-9

216I was fällt dir zu den stichworten bungee und
217 erfahrung ein? #0010:14-4#

218B (1,5) kann man haben - muss aber nichts bringen
219 00:10:19-5

220I okay - vielen herzlichen dank für das interiew

8.3.2 Interview 2.0

I erstmal vielen lieben dank dass du teilnimmst an dem interview ähm - erzähl mir bitte von deinen erwartungen über des event auf deiner fahrt hierher 00:00:16-5

B äm auf der fahrt hierher wars natürlich n bisschen schwierig - erhlich gesagt {lach} weil ich n bisschen genervt war erstens is des wetter nich so dolle ähm zweitens wars n bisschen schwierig herzukommen weiwir extra n taxi brauchten von der s-bahn her aber jetzt im endeffekt hier grad angekommen zu sehn - dass viele leute da sind (.5) joa (1) steigert doch die erwartung dass es toll wird wenn man auch vor allem die leute springen sieht und schreien hört [lach] joa 00:00:41-4

I hat sich irgendwie - als du hier angekommen bist und des so gesehen hast auch jetzt die schreie - hat sich da was verändert? an deinen erwartungen? 00:00:48-7

B eigendlich - jetzt - nicht wirklcih - weil ich war schon - ja positiv eingestellt im sinne was des springen angeht und äm - hat sich eigendlich so bestätigt dass viele leute des machen und ich keine angst haben muss [stärkeres lachen] das etwas schiefgeht wenn schliesslich schon so viele dabei sind ja und ansonsten jochen schweizer ist auch ein grosser name - von daher freu ich mich einfach nur 00:01:10-9

I hast du noch andere erwartungen ausser jetzt quasie die angst - dass was schiefgehen könnte zu überwinden? 00:01:16-2

B äm die erwartung ich (1) [stockt] aso (.5) ich bin da drauf gespannt wie das gefühl einfach is im freien fall ob - wie der adrenalinrausch dann im endeffekt aussieht un ob man sich danach wirklich total happy und glücklich fühlt oder ob des halt immer nur so schöngerede is [krangeräusch setzt ein] von den leuten die des halt machen (1,5) un des einfach selber mal herauszufinden 00:01:35-3

I okay, sonst noch irgendwas? 00:01:38-1

40B nö ich hoffe ich [lacht] komm heil {lacht} unten an
41 [stärkeres lachen] ansonsten [lachen] 00:01:43-8

42I ich denke davon können wir ausgehen - dann erstmal
43 vielen dank bis hierhin 00:01:45-7

8.3.3 Interview 2.1

1I so erneut vielen dank für deine teilnahme 00:00:20-7

2 kannst du mir allgemein von deinen erfahrungen und
3 erlebnissen mit extremsport und aktivvitäten die
4 dich fesseln erzählen? 00:00:27-1

5B allgemeine erfahrungen? äm normalerweise bin ich ja
6 jetzt nicht unbedingt so die - person - die gerne so
7 aufs ganze geht [lach] was sowas angeht - aber des
8 jetzt mit dem bungee-jumping-sprung ä (.5) hat schon
9 sehr sehr viel spass gemacht {lachend} macht lust
10 auf mehr - mal gucken [lach] 00:00:43-3

11I okee - wie isses äm dir genau bei diesem sprung
12 jetzt ergangen? 00:00:48-3

13B eigentlich saugeil war super professionell - sau
14 witzig des ganze team - äm (.5) wie gesagt [stockt]
15 mir wurd da komplett eigentlich so die scheu auch
16 genommen oder die angst und swar eigentlich ganz
17 locker un des ging dann eigentlich reibungslos -
18 dann (1) ins un - gewisse - war super 00:01:04-9

19I wie hast du dich gefühlt beim springen selbst?
20 00:01:08-9

21B sehr schön eigentlich n bisschen aber auch
22 unbeschreiblich - weil des war so - ja du fällst
23 [lacht] - denkste dir nur du siehst nur des wasser
24 unter dir - ja - und dann realisierst du auf einmal
25 moment [lach] also grad wenn auf einmal des gummi
26 ähm gummiseil dann irgendwie doch z - zieht und du
27 wieder nach oben federst - da merkst du eigentlich
28 erst richtig was du da eigentlich grad getan hast
29 [lach] 00:01:29-0

I wie wars sonst so - also du hast bemerkt dass du dass du fällst - hast du sonst noch an was gedacht? 00:01:34-9

B sonst noch an was? ehrlich gesagt irgentwie an nichts - ich er [stockt] ich fands einfach nur toll - des war einfach nur so dieser adrenalinrausch un (1,5) irgendwie - weiss ich nich seltsam - ich hätt schon gedacht dass ich an mehr vielleicht denken würde aber des war einfach nur schön und mehr nich 00:01:50-0

I okee hast du was hast du so wahrgenommen? 00:01:54-5

B wahrgenommen hab ich ehrlich gesagt nur die stimmung kurz - des war aber jetzt von dem trainer von [lach] den ruderern - äm eigentlich sonst nur so des wasser die farbe - und - mehr eigentlich nicht [überrascht] 00:02:05-1

I wie hast du - ä - dich in bezug auf deinen körper gefühlt? 00:02:09-7

B ja (1) sehr sehr leicht - also wirklich so [stockt] so n bisschen schwerelos eigentlich - kann man sagen, ja 00:02:16-8

I ähm - was glaubst du wie lange der sprung gedauert hat? 00:02:21-0

B insgesamt? also - nur der fall? (3) [pffff] weiss ich nicht - es hat sich angef - der fall vielleicht so drei sekunden? [fragend] 00:02:31-9

I hat sichs auch so angefühlt? 00:02:31-9

B ja angefühlt nich - 00:02:34-7

I wie hat sichs denn angefühlt? 00:02:35-9

B hat sich schon länger angefühlt - wie - keine ahnung (2) locker ne mi - jaa - ja sagen wir mal ne halbe minute vielleicht sowas 00:02:43-2

I okee - also aber du hast schon zeit auch wahrgenommen? 00:02:45-7

B ja des auf jeden fall - aber nicht wirklich so
richtig greifbar im endeffekt weil du einfach nich
an die zeit denkst grade irgendwie wie viel
verstreicht natürlich (.5) sondern koomplett
eigentlich nur di dieses gefühl einfach erlebst wie
du fällst un (1) [krangeräusch setzt ein] es fühlt
sich schon an n bisschen wie ewig - aber trotzdem is
halt noch - ja - der verstand noch so dabei und du
weisst es is jetzt einfach schnell gegangen un - ja
00:03:08-8

I ä wie sah 00:03:08-8

B {kurz und schmerzlos [lach]} 00:03:08-8

I wie sahs mit emotionen aus? 00:03:13-6

B (1,5) ja man war auf einmal so ganz glücklich und
zufrieden irgendwie, des war so - gut du fällst
nicht raus [lacht] is alles sicher, {lachend} es war
schön 00:03:24-6

I oke super - ähm wie fühlst du dich jetzt nach dem
sprung? 00:03:28-3

B nach dem sprung? ehrlich gesagt hätt ich erwartet -
dass ich weiche knie hab - (.5) aber eigentlich fühl
ich mich ähm - super - irgendwie jetzt kann der tag
irgendwie nochma [stockt] richtig gut weiter gehen
und - ja 00:03:41-7

I hast du näm - also stellst du n unterschied fest
zwischen dem was du erwartet hast und dem wies jetzt
is? 00:03:48-9

B ja im endeffekt - kann man ja nicht allzuviel
erwarten weil des gefühl kennt man ja einfach nicht
(.5) dementsprechend ka stellt man sich einfach nur
vor ja wie man halt fällt fff was weiss man shon vom
fallen - klar wenn man mal vom stuuhl fliegt oder so
{lachend, leichtes interviewerlachen} keine ahnung
des is ja nicht vergleichbar also dementsprechend
ähm (.5) weißinich [wort verschluckt] isses halt
doch was anderes - als man sichs vorher vielleicht
vorgestellt hat - weil man sichs eben aber nich
wirklich vorstellen kann es is einfach nich greifbar

102 dieses gefühl auch wenn man sich erzählungen
103 durchliesst oder videos ansieht denn isses einfach
104 noch viel da is einfach ne distanz - da die äm -
105 dass mans einfach soo jetzt nur objektiv betrachten
106 kann - aber wenn mans dann selber erlebt isses
107 einfach was komplett anderes 00:04:30-5

108I oke - dann jetzt mal allgemein zu bungee äm (.5)
109 kannst du mir erzählen - was du allgemein über
110 bungee weisst oder dir darüber vorstellen kannst?
111 00:04:41-4

112B was ich über bungee weiss? un was ich mir vorstellen
113 kann? äm - was weiss ich über bungee? (1,5) also
114 inwi inwiefern? also was [stockt] meinst du jetzt
115 fakten? 00:04:52-0

116I {ja, ganz allgemein} 00:04:51-8

117B wieviel dabei drauf gehen? oder {starkes lachen}
118 keine ahnung 00:04:55-3

119I alles was dir dazu einfällt 00:04:55-3

120B aso ich weiss dass das eben 50 meter waren dass es
121 weitaus krasser geht z.b. in südamerika - da is ja
122 die höchste bungee-jumping brücke mit ner mit ner
123 höhe von 250 metern die man da runter sausst. (.5)
124 ähm - ansonsten weiss ich halt einfach nur des deses
125 halt viele halt sehr gerne machen - das is wirklich
126 ä schon sogar artikel gibt warum bungee-jumping
127 glücklich macht und keine ahnung - ähm (1) mm - ja
128 es hat halt sowas wahrscheinlich auch was mim gefühl
129 von - fliegen zu tun - was wir menschen natürlich
130 nich (lach) können weil wir die falschen
131 extremitäten dazu habn und ja (1) was weiss ich über
132 bungee? 00:05:35-3

133I ä was glaubst du wos herkommt? 00:05:36-2

134B wos herkommt? (1) wahrscheinlich aus einem der
135 urvölker (1,5) 00:05:41-5

136I okee - glaubst du es hat irgendwie ne besondere
137 bedeutung? 00:05:48-5

138B also ich de also wenn ich jetzt ich weiss jetzt

leider nich mehr wie dieses naturvolk heisst aber da gibts ja auch äm - diesen turm den sie ja bauen - wo ja irgnd - da wird man dann zum mann oder wie au [stockt] irgendwie keine ahnung in die gesellschaft aufgenomnmen oder man zeigt dadurch dass man jetzt einfach zum mann wird wo ja auch die männer ja von unten runterspringen - an so seilen nur dass es nich unbedingt federt [starkes lachen] so des is jetzt vielleicht so wie son (2) wie son einweihen eines neues [stockt] ein ein neuen lebensabschnittes is vielleicht soetwas 00:06:17-6

I und glaubst du dass es äm hier bei uns auch so etwas - so etwas oder soetwas ähnliches bedeuten könnte? 00:06:23-8

B hier? - ich denke mal dass e dass es sicherlich viele leute gibt - äm die des dafür nutzen (.5) also zum beispiel um sich [stockt] irgnd keine [stockt] einfach mal über sich selbst hinaus zu wachsen - etwas zu - ä zu wagen was sie jetzt so normalerweise jetzt nicht gemacht hätten [lufthol] n inneren schweinehund überwinden [undeutlich] einfach wirklich auf risiko gehen wobei es ja hier natürlich sicher is aber trotzdem isses ja noch n risiko - man kann ja nicht wissen was passieren kann - ähm (1) und - ja ich denk mal schon dass es son gefühl davon auf jeden fall auslöst auch wenn die intention vorher vielleicht nicht da war dass es son gefühl von neuanfang irgendwie mitsichbringt dass die leute sich dann auch ganz anders vielleicht - ja im alltag danach bewegen, oder weissichnich - keine ahnung oder eben einfach puren adrenalin-rausch brauchen, wie andere die die ja einfach alles machen was irgendwie nervenkitzel mit nervenkitzel zu tun hat weil sies eben brauchen die sind dann halt irgednwie süchtig danach [lach] - aber ansonsten - es kommt halt denk ich mal einfach auf die person an - warum sies macht - und wie oft und weshalb 00:07:22-7

I okee - ä vielen dank dazu jetzt hab ich noch drei kurze fragen zum abschluss - äm die sind anders gestellt und ä antworte einfach intuitiv - wenn du nicht antworten möchtest oder dir nichts einfällt - brauchst des natürlich nicht 00:07:35-2

B oke 00:07:35-2

182I was fällt dir zu den stichworten bungee und
183 verschmelzen ein? 00:07:37-1

184 bungee und verschmelzen? man verschmilzt (1) mit der
185 luft [lach] äm bungee und verschmelzen - das seil is
186 - ein gummiseil - ja man verschmilzt damit {lachend}
187 oder beziehungsweise dieses seil is ja irgendwie so
188 verschmolzener art keine ahnung, äm vom aufbau -
189 bungee und verschmelzen? äm (3) 00:07:59-8

190I oke - was fällt dir zu den stichworten bungee und
191 erlebnis ein? 00:08:06-2

192B joa - bungee is halt ein erlebnis des man mal wagen
193 sollte [lacht] ansonsten - es is natürlich n
194 erlebnis es gehört halt zu der kategorie äm (1,5)
195 00:08:16-7

196I oke und was fällt dir zu den stichwortch worten
197 bungee und erfahrung ein? 00:08:21-6

198B (1) ich anfänger jetzt nicht - ja auch immernoch
199 anfänger, aber des erste mal (1) überlebt äm - tolle
200 erfahrung (2) sollte man machen (1,5) [ho]
201 00:08:37-2

202I gut - vielen mm herzlichen dank

8.3.4 Interview 3.0

1I erstmal vielen dank dass du äm mit mir das interview
2 führst äm zuerst erzähl mir bitte von deinen
3 erwartungen über des event auf deiner fahrt hierher
4 00:00:17-3

5B nuja - ich erwart ma scho (.5) an adrenalinkick soch
6 i a mol - ne - imein aufgrecht bin i nadürlich a
7 also - ne und - hab i au scho immer machen wolln des
8 bungeejumping [nää] - und jo 00:00:32-5

9I hat sich jetzt an deinen erwartungen was verändert
10 als du hier angekommen bist? 00:00:35-9

11B nö 00:00:36-4

12I is alles gleich geblieben? 00:00:37-8

13B alles gleichblim - ich hob a blos denkt o man -
14 jetzt is scho soweit [stärkeres lachen] 00:00:42-7

15I oke, was glaubst du was du während des sprungs - ä
16 fühlen wirst? 00:00:46-9

17B äm (2,5) keine ahnung ich kanns mir jetzt eigentlich
18 goa net song, ich sss stell mir des halt mehr so vor
19 wie vor der ochterbahn bloss no krasser - dausendmol
20 krasser 00:00:58-1

21I okay alles klar das wärs jetzt erstmal vorm sprung
22 vieln dank

8.3.5 Interview 3.1

1I vielen dank dass du teilnimmst - äm ganz generell
2 kannst du mir bitte allgemein von deinen erfahrungen
3 und erlebnissen mit extremsport oder aktivitätn die
4 dich fesseln erzählen? 00:00:21-8

5B also - des woa jetzt eigendlich des extremste wos i
6 gmacht hob bisher - muss i jetztä echt song - und es
7 woar - riesich des woa echt geil - des woa sgrößte
8 wos i bis jetzt gmacht ham muss i echt song
9 00:00:32-6

10I oke - äm kannst du mir speziell von diesem sprung -
11 berichten? 00:00:37-0

12B kann ich [lacht] - also i soch amol wenns so drinne
13 stehst - denkst de scho o o - dann umme - wenns du
14 bist - schaust runder denkst di du mogst des nit -
15 wirkli du host (.5) denkst da naa - des megst nit -
16 aber hinten die vo jochen schweizer di hom di echt
17 beruhicht die hom echt gsocht mensch - denk d nix
18 dabei - ne - spring einfoch (.5) {mittellaute
19 gespräche im hintergrund} hot mi au zusetz no weng
20 beruhich - uund - du schaust einfach nunder denkst
21 da scheiß drauf - spring jetzt einfoch und (.5) des

- is - so ä geiles gefüll - des des komma go net beschreim des - issss hammer - dess [lufthol] (1) wie gsacht du du willst schraie aber des isgeht - des geht nit des isss - aah - des is - geil einfach geil 00:01:15-3

I oke - wie äm - wie war soauf was hast du dich konzentriert bei dem sprung? 00:01:19-7

B auf gonix - auf gonix - ich hob ma einfach blos dengt - ääfff - jo (1) mach des - mach des [tiefes luftholen] 00:01:27-9

I oke - was hast du wahrgenommen? 00:01:30-2

B (2,5) eigen eigendli eigendlich nur des wasser - des wasser - des wasser under mirso weida hob i egndlich go nix wohgnomme ich hab holt go nix denkt - [stockt] (1,5) wiklich - desss (1) wo richtig befreiend soch i jetzt amol - nä 00:01:40-8

I oke - wie des so asoan - an nichts gedacht kannst du da noch n bisschen - des beschreiben oder genauer drauf eingehen? 00:01:48-0

B (1) neja - du konnst in demmo ä [stockt] also in demmoment eigndlich a an nix dengen soch i ä mol - hä weil - du bist d so angspannt - als a vom körper her ALLES is wirklich angspannt des is echt der wahnsinn des komma go nit beschreim - des isss (1) und dann springst du -un [stockt] - des is leider blos ä kurzer moment - wirklich des sen sekunden un dann isses vorbei leider 00:02:08-4

I: oke was glaubst du wie lang der sprung gedauert hat? 00:02:11-3

B [lach] net lang {lachend} [undeutlich] [?des war gefühlt?] vielleicht - zehn Sekunden oda was do neddamol - 00:02:15-8

I oke w [stockt] hast du - des hat sich des für dich auch so angefühlt? oder gibts da n unterschied hmein du weißt ja ungefähr w wie lang sowas gehen könnte 00:02:22-9

B {jaja - genau jaa} 00:02:23-1

59I wie hat sich des angefühlt im vergleich dazu?
60 00:02:26-3

61B (1) also es war kurz ich hats ich hätts ma länger
62 vorgstellt - des gefühl dasss (1) fee freilosigkeit
63 aber (1,5) [säufz] ssssfffff i binno völlich - ja
64 00:02:37-4

65 I: oke - [stockt] so wie is wars mit emotionen?
66 00:02:40-7

67B (1,5) mm neja haltää ff emotion 00:02:44-8

68I {irgednwie freude- ansgt} 00:02:46-0

69B noja freude sowieso - ne - angst eigndlich go net -
70 von mir sochi jetzt amol - ää weil somal du bist
71 gsichert un alles - also passiern kann do jo im
72 prinzip nix da springe ja - wieviel - dausend zich
73 leut - nä (1) und - angst eigndlich go nit des wo
74 wirklich echt ä freude - weii ich hob ma des scho -
75 jahrelang gwunsche - nä und - jetzt mach is
76 00:03:06-4

77I oke - ähmm - wie fühlst du dich jetzt - nach dem
78 sprung? 00:03:11-6

79B (1,5) äh fff todol erleichtert irgndwie todol - ja
80 (1) frei irgendwie - weiß a nit so wie wendst nochm
81 masseur kommst eigendlich {lacht} irgendwie weiß a
82 net - des is echt (2,5) aso 00:03:23-9

83I oke - ähm - wie is des mit äm - mit deiner
84 erwartungshaltung - äm und jetzt im vergleich dazu
85 wie dus erlebt hast gibts da irgendwelche
86 unterschiede? 00:03:32-4

87B ne - also f voll erfüllt im gegendeil des woa jetzt
88 nomere (.5) also [stockt] i ich hob ma ja vüll
89 erwarded aber ich hob - ff wirklich - der sprung
90 alaans ne do - wenns runder springst des isss -
91 einfach geniol - d {lachend} du denkst da du magst
92 des net aber dann springst nunder un wuaaaa [mit
93 kehlkopfstimme] 00:03:48-6

94I [lacht] 00:03:50-6

95B des is 00:03:50-3

96I {oke} 00:03:51-5

97I ähm erstmal danke dazu - kannst du mir ganz
98 allgemein erzählen was du über bungee weißt oder dir
99 darüber vorstellen kannst? 00:03:59-0

100B ää fff - eigendlich nit ich moan - ich hob ma jetzt
101 des zeuch do umme durchglesn - aber fff (1) ich soch
102 a mol - was da bassiern ko un alles - des hob i ma
103 eignlich go net durchglesn - weil m - mein gott (1)
104 nä - wenns so is dann is holt so - ne oba
105 00:04:14-7

106I was glaubst du wo bungee herkommt? 00:04:18-2

107B (1,5) des woaß i jetzt go nit (1,5) bungee - wo
108 könnt n des herkumme pu [alles sehr leise]
109 00:04:24-7

110I oke 00:04:24-7

111B {keine ahnung} 00:04:25-3

112I ähm was glaubs glaubst du es könnt irgendwas
113 bedeuten? irgendwas spezielles? 00:04:29-6

114B nö 00:04:30-3

115I wenn man des macht? 00:04:32-1

116B ho des 00:04:34-2

117I für dich - für unsre gesellschaft? 00:04:34-4

118B ja ich deng a mol frei aso so so freisein halt so
119 [stockt] w w wie willn song - soo fff joa [lufthol]
120 - äää grenzen durchbrechen soch i jetzt a mol ne -
121 weil (1,5) is ja eigndlich scho irgdnwie ämol ä
122 kindheitstraum wenns du von irgnd ä mauer
123 runderspringst oder irgendwas nä des is halt
124 [lufthol] - des megst halt einfoch (.5) ne
125 00:04:54-7

126I mhm - oke - fällt dir dazu sonst noch was ein?

00:04:58-5

B [kopfschüttel] 00:04:58-5

I ok - erstmal auch vielen dank dazu dann hab ich zum
abschluss noch drei ähm kurze pregnante fragen - da
ähm - würd ich dich bitten so - intuitiv und schnell
zu antworten - 00:05:08-7

B {oke} 00:05:08-7

I wies dir möglich is wenn du nicht antworten willst
oder dir dazu nix einfällt - kein problem dann gehn
wir einfach zur nächsten frage 00:05:13-5

B oke 00:05:13-6

I was fällt dir zu den stichworten bungee und
verschmelzen ein? 00:05:17-8

B bungee und verschmelzen? (3) hm fällt mir jetzt
eigendlich nix ei [sehr leise] 00:05:23-3

I oke - was fällt dir zu den stichworten bungee und
erlebnis ein? 00:05:28-1

B (.5) tolles erlebnis - [sprachliches schnauf] also
wirklich - geil (2) hammer (1,5) mehr
ko[unverständlich] [lach] 00:05:35-3

I oke - was fällt dir zu den stichworten bungee und
erfahrung ein? 00:05:38-7

B ich hob no kei erfahrung - also von dem her gsehn
{lach} - ne 00:05:43-1

I na jetzt hast du ja ne erfahrung 00:05:44-2

B jetzt hob i erfahrung also i werds au nummol machn -
ich weeer - nummol springe aber ich dengamol - die
höhe wird - noch höher 00:05:52-6

I gut - vielen dank äm für des interview

8.3.6 Interview 4.0

I erstmal ä vielen dank dass du teilnimmst an dem interview - äm - jetzt ertsmal ganz allgemein erzähl mir von deinen erwartungen über des event auf deiner fahrt hierher 00:00:28-6

B (1) also äm - wir warn vorher - warn wir jetzt im olympiapak am ö olympiaturm [lufthol] wir ham uns die körperweltenausstellung angschaud und ich bin eigndlich soo (.5) nicht aufgeregt - aber jede minute die jetzt näher rückt - wirds jetzt schlimmer [säufz und lach] 00:00:47-3

I okay was wird da schlimmer? 00:00:49-1

äm [schnauf] jo (2,5) ja kalte hände sowieso a [stockt] wegen dem wetter - und ja mich frierts ich bin nervös ich bin aufgregt [atmet] (1) joa weiche knie (2) 00:01:04-4

I {mhm} 00:01:04-2

B joa (1) 00:01:06-4

I oke hat sich irgdnwas verändert an deinen äm erwartungen an deiner nervousität als du jetzt hier angekommen bist und des gesehen hast? 00:01:11-3

B joa [fast traurig] total also ich hab - hab mir dacht hoffentlich ä kneif ich jetzt nit - also des wollt ich auf keinen fall ich wollt des unbedingt durchziehn ich wollt des scho seit langem - und ich wüll umbedingt springen ich bin - bin sehr sehr neugierig drauf wos jetzt dann auf mich zukommt - und ja ich freu mich riesig 00:01:30-4

I oke w was glaubst du - so - bei dem sprung was da so passieren wird also wies dir selber so gehen wird ? 00:01:36-6

B äm (.5) ja ich glaub des wird a bissel emotionol also - ich bin da so - ich glaub a bissle emotional wirds - doch also - ich woass au net [stockt] also ich bin so von [stockt] von de persönlichkeit her [wortende verschluckt] bin ich sehr emotional [lufthol] und joa (2) so erwart ich mir jetzt eigndlich nix also ich bin [stockt] einfach dass ich - spring - gedankenfrei (2,5) ja [lacht] joa [stärkeres lachen] 00:02:03-4

I oke - äm super des wars erstmal jetzt äm - im vorhinein 00:02:06-3

B {oke} 00:02:06-3

I äm vielen dank - bis hier hin 00:02:06-9

8.3.7 Interview 4.1

B [ja mei mama hat nämlich gsagt - äm - sie würd mir sowas nich - {oke} ich glaub die hat dann irgendwie schiss - dass ich dann des doch nit moch oderso - dass ma des vllt ver - bloß so sagt - {joa} - ja] 00:00:16-4

I so - vielen dank dass du teilnimmst - so - äm kannst du mir bitte allgemein von deinen erfahrungen mit extremsport berichten - oder aktivitäten die dich - so fesseln? 00:00:35-4

B also ich hob in in die richtung extremsport eigendlich jetzt bisher no nix gmocht - außer etzt dem bungee sprung 00:00:43-5

I oke und äm was kannst du mir von diesem bungeesprung jetzt - direkt und speziell erzählen? 00:00:48-4

B (3,5) ja also äm es woa sehr aufregend un man dengt in dem moment also (1) ich hob in dem moment [lufthol] eigndlich gor nix docht - gar - nichts (.5) überhaupt - nichts - un des woar - man zittert - immerno weiche knie - ich zitter immer no [lacht] also es war sehr sehr aufregend 00:01:10-8

I oke und also du hast an nichts gedacht 00:01:11-9

B {nee goa nit} 00:01:12-0

I wie war de wie wars mit deiner konzentration? 00:01:13-4

25B (1,5) also vorher woa mir des scho eigendlich zuviel
26 wos die mit mir immm im - aufm weg nach oben mit
27 mir ähm - gsprochen hom also des woa mir eigndlich
28 scho - weil ich wollt mich voll und ganz auf mich
29 konzentriern (.5) ähm wos ich au zu dir scho gsagt
30 hob ich wollt die augen unbedingt offenlassen weil
31 [stockt] man [stockt] m wenn in solche situatione
32 mochma vielleicht kurz a mol die augen zu - wollt
33 ich gor net - und ja - ich hob eigndlich gor nix
34 gedocht ich hob äom natürlich (2) körper - spannung
35 (1,5) knie durchstrecken also des schon aber so etzt
36 an gar nix anderes - un des war sehr (.5) entspan -
37 nend (1,5) trotz alledem und sehr - joaa - wie soll
38 i song (2,5) ä [stockt] war super erfahrung
39 00:02:00-0

40I wie ähm - wie wars mit deiner wahrnehmung? was hast
41 du wahrgenommen während des sprungs selbst?
42 00:02:05-7

43B irgendwel [stockt] (1) eignlich gor nix - also ich
44 hob nur - [lacht] wahrgnommen - als ich gschrien hob
45 dass unten alle glocht hom - {I: lach} des hab ich
46 wohrgnommen und des wasser - olso ich hob eigndlich
47 immer nur s wasser gsehn - 00:02:19-6

48I {mhm} 00:02:19-6

49B aber sonst eigndlich an gor nix - anderes docht
50 00:02:23-1

51I wie wars - mit deinem körper hast du den gesppürt? -
52 oder? 00:02:24-8

53B {ne} - des woar [lach] des woa irgndwie ä ganz
54 komisch [verschluckt] gor net überhaupt net (1) des
55 woar - des woar toll [sehr bedacht] aber - so also
56 vom - mir wor net kolt mir wor net worm mir wor(.5)
57 goar nix, [lach] des woar irgndwei [stockt] des wor
58 - einfach toll 00:02:41-1

59I oke - äm was glaubst du wielang der sprung gedauert
60 hat? 00:02:44-8

61B keine Ahnung (1,5) [lacht] 00:02:47-6

I hattest du - wie gings dir so mit der mit der zeit? wie hast du dich zeitlich? 00:02:50-4

B {also - ich - ja} ja also ich hob es gfühl ghobt äm die fahrt nach obn dauert eewig - ewig - und dann der - sprung - nach untern (.5) war eigendlich schnöa [stockt] also des war eigndlich alles schnöll vorbei (3) {ja [lach]} 00:03:06-0

I oke - also - oke (.5) ämmm (2,5) wie wars soo - hast du irgendwelche emotionen gehabt? 00:03:15-3

B (2,5) ja doch also m ich bin da scho sehr emotional also kurzzeitig - ähm wemma da dann so hängt - tränen in die augen woar - des woar scho - joa doch (3) [lufthol] 00:03:27-9

I oke fällt dir sonst noch was ein? jetzt äm [stockt] dazu zu dem sprung selbst? 00:03:32-6

B (2) es woar einfach ä supper erfahrung (1) ähm - ich ich däts jederzeit wieder mochn 00:03:39-3

I oke super - äm wie fühlst du dich jetzt - nach dem sprung? 00:03:44-0

B [lufthol] total erlei - [stockt] ja erleichtert entsponnt freeii [lachende gespräche im hintergrund] (4,5) ja supper - supper 00:03:52-8

I {mhm} ähm gibts irgend n unterschied - bezüglich darauf wie du dich vor dem sprung also was du von dem sprung erwartet hast - und wie du ihn jetzt - erlebt hast? 00:04:01-7

B ja also [stockt] wos wos ma erwartet mffff (3,5) einfach äm [stockt] also ich hob ä von mir erwartet - dass ich an an nix denk das ich n kopf frei hob einfach mol - abschalten - ohne ä oder ich bin eigndlich so a ohne erwartungen etz in den sprung - eingegonga soch i jetzt ganz ehrlich ich hob jetzt do - nit so - richtige erwartungen drann ghabt un [lufthol] - äm ja 00:04:27-6

I un des hats dann auch erfüllt? 00:04:28-4

B ja voll und ganz - voll - voll 00:04:31-1

I {mhm} ähm dann ä [stockt] - jetzt zu nem bisschen anderen thema - was weißt du - ganz allgemein äm über bungee - kannst du was darüber erzählen oder was du dir darüber vorstellen kannst vielleicht? 00:04:45-7

B (5,5) na also - na [sehr leise] 00:04:52-7

I oke weißt du wos herkommt? 00:04:53-6

B ne - go net 00:04:54-4

I mhm , 00:04:55-8

B also ich muss ganz ehrlich song ich hob mich damit wenig befasst - ich hob ä zwar immer gsagt ich wüll des unbedingt mal machn (2,5) {I: mhm} und äm ich hob des ah meine freunde und verwandte immer gsagt - ich wüll des ma mochn aber ich glaub die ham mich net so vüi [verschluckt] fff ernst gnumme - muss i gon ehrlich song {lach} - joa 00:05:10-3

I oke ähm [stockt] ä findest du dass bungee irgendwas spezielles bedeutet? (2,5) für dich zum beispiel? 00:05:20-8

B (3,5) für mich? also äm m [stockt] ä bevor dass ich jetzte gsprungen bin - ä einfach ähm - ja irgndwei is immer der gedanke ma leut sich da unte f ma leut sich da unte folln - is denkt an nix (1,5) is ff ja wie soll ich song is freeii is - gedankenloos (3,5) ja stürtzt ma sich da unte also irgendwei ich hob - na ich hob ma da eigndlich so nie gedanken drüber gmocht - na wirklich net 00:05:49-4

I oke - supper vielen dank dazu jetzt hab ich äm zum schluss noch drei ämm - kürzere prägnante fragen - äm antwort einfach - schnell und intuiti [stockt] intuitiv dadrauf wenn du möchtest wenn du nicht willst oder dir dazu nichts einfällt kein problem dann gehn wa einfach zur nächsten frage {B: oke} - so was fällt dir zu den stichworten bungee und verschmelzen ein? 00:06:17-9

B (9) {schnauf} ja - also bungee - ähm [stockt] etzt im einfach nur runter (1,5) ä gedankenlos - frei -

also [m hm m] nix weiter eigendlich 00:06:30-5

I {oke} was fällt dir zu den stichworten bungee und erlebnis ein? 00:06:41-9

B (10) joa is joa bungee is ä erlebnis des ich - d [stockt] des ich - auf jeden fall wieder - ä ho - des des mecht ich auf jeden foll wieder mochn 00:06:50-4

I oke - was fällt dir zu den stichworten bungee und erfahrung ein? 00:06:55-4

B (2,5) also m (10) [leichtes schnauf] 00:07:05-1

I oke 00:07:07-7

B follt ma jetzt groad goar nix ei (1,5) [leise] 00:07:08-8

I kein problem 00:07:10-0

B oke? 00:07:11-4

gut - vielen vielen lieben herzlichen dank - {B: ja bitte} dass du teilgenommen hast

8.4 Pressemappe „Skyrider – Das Original“

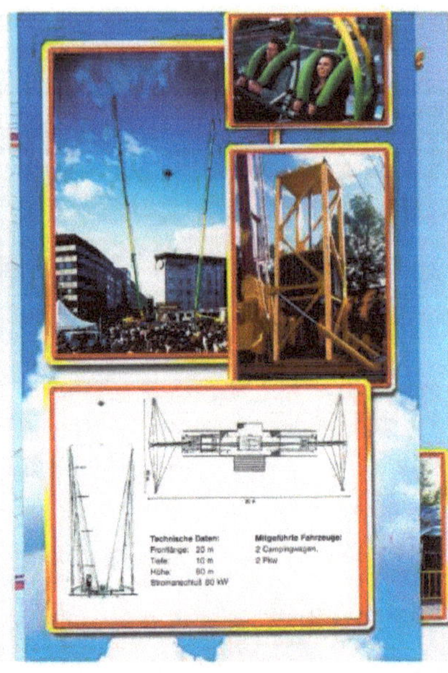

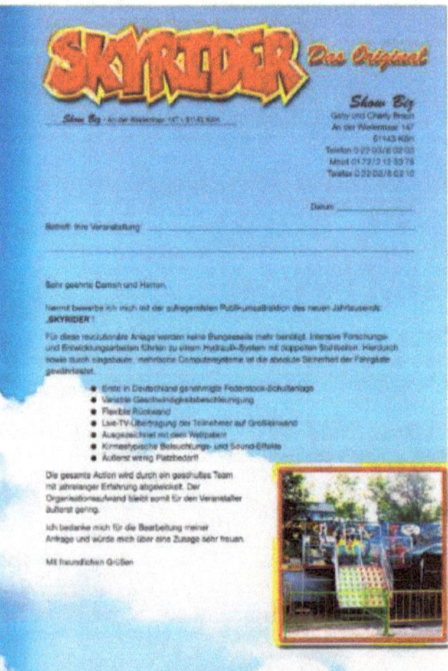

SKYRIDER Das Original

Show Biz

51143 Köln

Datum

Betreff: Ihre Veranstaltung

Sehr geehrte Damen und Herren,

Hiermit bewerbe ich mich mit der aufregendsten Publikumsattraktion des neuen Jahrtausends: „SKYRIDER“!

Für diese revolutionäre Anlage werden keine Bungeeseile mehr benötigt. Intensive Forschungs- und Entwicklungsarbeiten führten zu einem Hydraulik-System mit doppelten Stahlseilen. Hierdurch sowie durch eingebaute, mehrfache Computersysteme ist die absolute Sicherheit der Fahrgäste gewährleistet.

- Erste in Deutschland genehmigte Federstock-Schußanlage
- Variable Geschwindigkeitsbeschleunigung
- Flexible Rückwand
- Live-TV-Übertragung der Teilnehmer auf Großleinwand
- Ausgezeichnet mit dem Weltpatent
- Kirmestypische Beleuchtungs- und Sound-Effekte
- Äußerst wenig Platzbedarf!

Die gesamte Action wird durch ein geschultes Team mit jahrelanger Erfahrung abgewickelt. Der Organisationsaufwand bleibt somit für den Veranstalter äußerst gering.

Ich bedanke mich für die Bearbeitung meiner Anfrage und würde mich über eine Zusage sehr freuen.

Mit freundlichen Grüßen

9 Danksagung

An dieser Stelle sei folgenden Personen ganz herzlich für Ihre Unterstützung gedankt:

Prof. Dr. Ulrich Bröckling für die ausgezeichnete Betreuung der Arbeit

Dr. Sacha Szabo für jede Menge Ideen, Hinweise und weitere Unterstützung

Harald Geserer für die exzellente semantische und grammatische Korrektur

Barbara Grimm (Korrektur)

Benjamin Müller (Korrektur)

Phillip Rämsch für das Filmen in einer sehr mutigen Position

Thorsten Fischer für den reibungslosen Ablauf der Interviews und des Sprunges

Jochen Schweizer und Team

Robmod/Timo Stiegler für die schöne Umschlaggestaltung

Und schließlich den Interviewten, die den Kern meiner Theorie geliefert haben und anonym bleiben wollen

Zeitfracht Medien GmbH
Ferdinand-Jühlke-Straße 7
99095 Erfurt, Deutschland
produktsicherheit@kolibri360.de